MARCIA LUZ

COACH PALESTRANTE

TORNE-SE UM
PROFISSIONAL
5 ESTRELAS

www.dvseditora.com.br
São Paulo, 2017

COACH PALESTRANTE
TORNE-SE UM PROFISSIONAL 5 ESTRELAS

Copyright© DVS Editora 2017
Todos os direitos para a território brasileiro reservados pela editora.

Nenhuma parte deste livro poderá ser reproduzida, armazenada em sistema de recuperação, ou transmitida por qualquer meio, seja na forma eletrônica, mecânica, fotocopiada, gravada ou qualquer outra, sem a autorização por escrito do autor.

Contato: contato@marcialuz.com.br / www.marcialuz.com

Capa: Felipe Cerqueira
Diagramação: Spazio Publicidade e Propaganda

Dados Internacionais de Catalogação na Publicação (CIP)
(Câmara Brasileira do Livro, SP, Brasil)

Luz, Marcia
   Coach palestrante : torne-se um profissional 5 estrelas / Marcia Luz. -- São Paulo : DVS Editora, 2017.

   Bibliografia.
   ISBN: 978-85-8289-147-6

   1. Carreira profissional - Desenvolvimento
2. Coaching 3. Desenvolvimento profissional
4. Liderança 5. Palestrantes I. Título.

17-02462   CDD-658.3124

Índices para catálogo sistemático:

1. Coach palestrante : Desenvolvimento profissional : Administração 658.3124

Dedico este livro a Iara Bayma e Inês Demétrio de Barros, formadoras que me apresentaram o universo apaixonante da facilitação de adultos.

E James McSill, que me permitiu lapidar pessoas através de livros.

AGRADECIMENTOS

Amo ser autora de livros porque através deles posso compartilhar tudo que vou aprendendo em minha trajetória. E um livro não se constrói sem apoio. Neste, tive auxílio de gente que amo de paixão. São elas:

- Meu marido Sergio Reis, meus filhos e minha mãe que apoiam e torcem por mim, faça chuva ou faça sol;
- Minha equipe de trabalho, que também acredita na missão de lapidar pessoas;
- Ana Cristina Monteiro de Andrade Silva, Helga Feres, Ivania Backes de Oliveira, Ricardo Lemos e todos os meus alunos do Maestria em Sala de Aula e do Líder Coach, que me fizeram ter desejo de ajudar mais gente a ser um profissional 5 estrelas como eles são;
- Toda a equipe da Abracoaches, representada na figura da Presidente Nacional, Sandra Bini, que me apoiou incondicionalmente na missão de levar o Coach Palestrante para o mundo;
- Cristiano Cunha, que me acompanhou por tantos anos nas estradas da facilitação de adultos;

- Todo o time do Léo Gonçalves, que mostrou ao mundo o que eu fazia em sala de aula pelas pessoas;
- Felipe Cerqueira, que transforma em arte os desejos da minha alma;
- A equipe da DVS Editora, que acredita em cada um de meus sonhos de transformar o mundo num lugar melhor para se viver.

Peço a Deus eterna fonte de bênçãos e generosidade, que Ele ilumine a vida de cada um de vocês!

ÍNDICE

AGRADECIMENTOS - V

E AQUI COMEÇA A TRAJETÓRIA DE UM PROFISSIONAL 5 ESTRELAS... - 1

PRIMEIRA PARTE
O Coach 5 Estrelas

CAPÍTULO 1
Por que ser Coach Palestrante?..5
O papel do Coach Palestrante..7
Mitos e Verdades sobre o Coaching...10

CAPÍTULO 2
Descubra quem você é...17
Eu pergunto, você responde..18

CAPÍTULO 3
Identifique como você é visto pelos outros.............................23
Feedback, uma ferramenta valiosa...26

CAPÍTULO 4
Aceite-se integralmente 31
Veja como identificar seu lado sombra...32

CAPÍTULO 5
Mostre o seu melhor 37
Veja como identificar o que você tem de melhor............................38

CAPÍTULO 6
Auxilie os outros em sua jornada..41
Aprendendo a atuar como Coach 42

CAPÍTULO 7
O processo: da teoria à pratica...47
Construir uma parceria sólida baseada em confiança mútua 48
Coleta de dados e a aliança inicial..52
A Avaliação 360º...54

CAPÍTULO 8
Conexão poderosa..57
Metas 59
Plano de Ação 61

SEGUNDA PARTE
O Palestrante 5 Estrelas

CAPÍTULO 9
Como os adultos aprendem 69
A importância do ato de ler 73

As qualidades de um excelente palestrante..................................74
Teoria de desenvolvimento de grupo..77

CAPÍTULO 10
Técnicas de liderança de reuniões..85
Preparando sua atuação..87
Estruturação do plano de ensino..90
Funções básicas de um líder de reuniões.......................................93
Sugestões para condução de grupos...95
Comportamentos do grupo e sugestões para lidar com eles..........98
Comportamentos individuais e como lidar com eles......................100
Recursos instrucionais..104
Ferramentas para condução de reuniões: Brainstorming............107
Ferramentas para condução de reuniões: NGT e Metaplan.........110

CAPÍTULO 11
A utilização de filmes do circuito comercial.................................115
Dinâmicas de grupo e vitalizadores...119
Como escolher o recurso certo para cada situação......................121

CAPÍTULO 12
O processo de feedback..125
Como entrar em Rapport com a audiência...................................127
Os canais de comunicação do sistema representacional.............128
Vencendo seus próprios limites...130
Praticando a condução de reuniões
e os atendimentos em Coaching..132

BIBLIOGRAFIA RECOMENDADA - 135

ANEXOS

Anexo 1: Formulário de Diagnóstico Inicial 137
Anexo 2: Formulário de Identificação do
Propósito de Vida e Valores 140
Anexo 3: Tipos de Poder 145
Anexo 3B: Liderança e Poder 150
Anexo 4: Roda da Vida 153
Anexo 5: Avaliação 360º 154
Anexo 6: O Efeito Sombra: Questionário 155
Anexo 7: Diagrama de Campo de Forças 162
Anexo 8: Fatores de Sucesso 164
Anexo 9: Matriz Comportamental de Alta Performance 165
Anexo 10: Formulário de Reavaliação 167
Anexo 11: Plano de Ação do Coach 168
Anexo 12: Formulário do Método C.L.I.E.R. 171
Anexo 13: Formulário de Definição de Metas 172
Anexo 14: Formulário para Confecção de Plano de Ação 176
Anexo 15: Formulário de Possibilidades e Oportunidades 177
Anexo 16: Formulário Preparando a sua Atuação 178
Anexo 17: Sugestões de Filmes para Utilização em T&D 180
Anexo 18: Dinâmicas de Grupo e Vitalizadores 187
Anexo 19: Canais do Sistema Representacional 193

E AQUI COMEÇA A TRAJETÓRIA DE UM PROFISSIONAL 5 ESTRELAS...

Oi, aqui é a Marcia Luz e eu quero te dar as boas-vindas a este livro que vai te conduzir pela trajetória que todo Coach Palestrante que quer ter sucesso precisa trilhar. E desde já preciso fazer um alerta. Só existe uma forma de você usufruir de tudo o que vou te ensinar aqui: praticando.

Então prepare-se para realizar uma leitura ativa deste livro; encare-o como um manual que vai te ajudar a iniciar ou aperfeiçoar sua caminhada como Coach Palestrante.

E como vamos fazer uma trajetória tão importante juntos, quero contar um pouco da minha história e de que forma me preparei ao longo dos anos para estar pronta para te ajudar agora.

Comecei a trabalhar em estágios desde muito cedo, mas meu primeiro emprego formal foi na Caixa Econômica Federal, onde fiz minha carreira de palestrante e de formadora de novos palestrantes. Eu amava a empresa, mas chegou um momento que percebi que precisava ampliar meus horizontes e montei minha própria empresa de treinamento e desenvolvimento humano e há 24 anos ajudo a lapidar pessoas, como diamantes raros.

Sou psicóloga, com pós em Administração de Recursos Humanos, especializada em Gestalt Terapia, e mestre em Engenharia de Produção. Talvez você esteja estranhando uma formação em áreas que parecem tão distintas; é que, na realidade, considero-as complementares e estudar vários campos do conhecimento foi a forma que encontrei de estar mais preparada para desenvolver minha audiência. Sou coach executiva e pessoal formada pelo ICI – Integrated Coaching Institute.

Separei nosso conteúdo em 12 capítulos, sendo que os oito primeiros estarão focados em sua atividade de Coach e os quatro últimos trabalham mais especificamente sua atuação como Palestrante.

Após cada um dos capítulos você tem atividades complementares, tais como leituras dos anexos que estão no final deste livro, preenchimento e aplicação de questionários, assistir filmes indicados e responder questões sobre a temática. Essas atividades devem ser feitas antes de prosseguir para o próximo capítulo, para que realmente os resultados sejam alcançados.

Também é importante que você tenha um caderno do Coach Palestrante no qual vai anotar todas as suas ideias, insights, reflexões que forem ocorrendo durante a leitura.

Suas dúvidas podem ser enviadas por e-mail para suporte@marcialuz.com e minha equipe terá um imenso prazer em solucioná-las.

Conte comigo para te ajudar a saltar para um novo patamar de sua vida. Então siga para o primeiro capítulo onde vamos trabalhar porque ser um Coach Palestrante.

PRIMEIRA PARTE
O Coach 5 Estrelas

> *"Não são os grandes planos que dão certo.
> São os pequenos detalhes."*
>
> — Stephen Kanitz

PRIMEIRA PARTE

O Coach 5 Estrelas

> «...»

CAPÍTULO 1

Por que ser Coach Palestrante?

Eu vou te responder porque ser Coach Palestrante contando como resolvi seguir este caminho. Desde criança eu dizia que queria ser professora, dava aula para minhas bonecas; no ensino médio, resolvi fazer magistério e amei a experiência, mas também tive clareza do quanto era dura a vida de professora primária trabalhando muito e sendo mal remunerada por um trabalho tão importante. Aí fui trabalhar na Caixa e lá surgiu a oportunidade de fazer o concurso para ser instrutora e palestrante.

Não pensei duas vezes. O processo era muito concorrido, primeiro com uma prova escrita, depois uma avaliação regional e os selecionados nestas duas etapas iam para Brasília, onde eram avaliados e formados durante um mês numa grande imersão e já sabíamos de antemão que apenas 10 a 20% da turma seria aprovada, e os escolhidos poderiam atuar como instrutores e palestrantes.

Bem, fui aprovada e comecei a minha carreira dentro da Caixa. Acontece que sempre dei o meu melhor em sala de aula e a minha fama começou a ultrapassar os muros da empresa, até que um dia recebi uma ligação do RH da Celesc, que queria me contratar para um trabalho lá. Não entendi nada, mas ele esclareceu que uma gerente dele era casada com um gerente da Caixa e ouviu falar muito bem de meu trabalho e por isso queriam me contratar.

Fiz a minha primeira proposta comercial e fui aprovada. Foi engraçado porque eu não tinha a mínima ideia de quanto cobrar. Até então, eu atuava na empresa onde trabalhava e ganhava salário como empregada por esta atuação.

Bom, daquele dia em diante os pedidos não pararam de chegar. Montei minha empresa de treinamento para regularizar as contratações e realizava os trabalhos nos finais de semana, feriados e à noite. Acontece que a demanda aumentou tanto que precisei tomar uma decisão e resolvi sair da Caixa e continuar minha missão de transformar vidas não mais numa empresa só, mas agora em todo o Brasil

Passei a dar palestras em Congressos, lancei meu primeiro livro, e começaram a surgir pedidos dos presidentes das empresas perguntando se eu também atuava como coach e minha resposta era sempre a mesma: infelizmente, não. Até que resolvi mudar essa situação e em 2003 fiz minha formação em coaching e iniciei os atendimentos para os altos executivos como um trabalho complementar nas empresas onde eu realizava palestras e treinamentos. E este casamento coaching/palestras ficou perfeito, porque um trazia clientes para o outro. Até que descobri o mundo online em 2013 e hoje tenho a possibilidade de colaborar com muito mais gente na minha missão de ajudar pessoas a serem melhores a cada dia.

Acontece que, na época que fiz minha formação em coaching, pouca gente falava disso no Brasil, e a concorrência ainda era muito pequena. Mas hoje o mercado de Coaching está cada vez mais concorrido. Tem muita gente oferecendo formações, não necessariamente de qualidade, tem gente que leu um livro e decidiu que já era coach, e como a oferta é grande, profissionais despreparados começaram a trocar o trabalho de coaching por um cacho de bananas e prostituiu o mercado.

Isto significa que hoje não adianta você apenas ser um coach bem preparado e fazer um trabalho sério; você precisa também de visibilidade, estar na vitrine, e o que permitirá isso é sua atuação como palestrante.

Se você quer ter grande procura como Coach, precisa ser visto e poucas coisas são tão relevantes para isso como palestras. Outro caminho que tem um poder tão semelhante de autoridade é escrever um livro, que inclusive é um dos pilares que eu trabalho em minha formação de Coach Palestrante.

O mais legal de tudo isso é que suas palestras trarão mais clientes para o coaching, assim como o trabalho de coaching vai te permitir fazer uma rede de relacionamentos onde surgirão contatos para realizar novas palestras, que por sua vez vai trazer mais clientes de coaching, e isso vira um grande ciclo virtuoso de prosperidade e sucesso. E você vai transformando cada vez mais vidas em sua trajetória.

Fantástico não é mesmo?

Então agora eu vou te explicar qual é o papel do Coach Palestrante.

O papel do Coach Palestrante

Coachs Palestrantes de sucesso são profissionais capazes de entender o potencial de seus clientes e reconhecer o seu papel no desenvolvimento destes. Em alguns casos, seu cliente será uma pessoa jurídica, uma empresa, e você precisará compreender o que exatamente ela precisa transformar em seus colaboradores para dar conta dos desafios que enfrenta. Em outros casos, quem vai te contratar é a pessoa física, que ouviu falar bem de seu trabalho e conta com sua ajuda para materializar suas metas e objetivos.

Nas duas situações tenha sempre como filosofia entregar mais do que foi contratado, pois estes clientes vão virar seus fãs e voltarão a te chamar muitas vezes, além de serem os melhores divulgadores do seu trabalho que você já sonhou ter em algum momento de sua vida.

É preciso que o Coach Palestrante seja mais do que um bom comunicador, carismático e preparado tecnicamente. Ele precisa ser um mobilizador, alguém que motiva o crescimento das pessoas ou equipes.

Esta capacidade de equilibrar firmeza, sensibilidade e sabedoria é o alicerce básico do coach palestrante. A grande maioria da sua audiência provavelmente não está pronta – são pedras preciosas que ainda precisam ser lapidadas.

E que significa ser Coach?

Emprestou-se o nome COACH do mundo esportivo, que representa a figura do técnico do time, aquela pessoa cujo papel é incentivar e ajudar o atleta a desenvolver habilidades para que ele aumente sua performance.

O COACHING é um processo estruturado, no qual o Coach tem a missão de ajudar seu coachee a atingir objetivos que são acordados no início do processo. Normalmente inclui uma sessão inicial mais longa, na qual é feita uma avaliação da situação atual, do objetivo a ser alcançado e dos passos necessários para se chegar lá. Em seguida, agendam-se encontros semanais para implantação e acompanhamento do plano.

O Coaching parte do pressuposto de que o coachee tem todos os recursos de que necessita para atingir seus objetivos. O coach apenas dá ao coachee a estrutura necessária para que ele possa se encontrar e crescer.

Para você lembrar e saber:

> **Coaching = o processo em si**
>
> **Coach = o profissional que conduz o processo**
>
> **Coachee = a pessoa que é alvo do processsso**

O modelo proposto é do aprendizado, que estamos chamando de coaching, em que o objetivo é criar as condições para que o liderado aprenda e se desenvolva, aumentando a sua capacidade de ação. E lembrando da origem do termo coach, que nos esportes significa treinador, é importante mantermos em mente que por mais que o líder auxilie seu colaborador, que chamaremos aqui de coachee, no momento decisivo é o atleta, e não o técnico, quem vai ganhar o jogo.

Quanto aos papéis desempenhados, o Coach Palestrante tem os seguintes desafios:

- Apoiador estratégico: proporciona o que falta para que o coachee atinja seus objetivos pessoais e profissionais; faz com que seu cliente encontre soluções para problemas complexos.
- Transformador de paradigmas: o coach palestrante é aquele que ajuda o seu cliente a sair do lugar-comum, a deixar de ser vítima das crenças limitantes.
- Estimulador do desenvolvimento interpessoal: pessoas de alto potencial que não decolam na carreira tem como entrave muito mais a falta de desenvolvimento interpessoal do que falta de desenvolvimento técnico.

Esta missão não é simples. De um lado o coach palestrante sofre as pressões da empresa contratante que cobra resultados e respostas aos desafios econômicos e mercadológicos. Do outro, conta com pessoas que nem sempre estão dispostas a oferecer o seu melhor. Isso no caso de ser contratado por uma pessoa jurídica.

Agora quando ele lida com a pessoa física, não é diferente. Muitas vezes o cliente acha que o seu papel é apenas te contratar como coach e que aí você vai chegar com sua varinha de condão e transformar a vida dele, ainda que ele nada faça para alcançar os resultados acordados nas sessões.

Agora eu posso assegurar que embora seja uma missão para quem realmente se dispõe a dar o seu melhor, quando você vê os resultados do seu trabalho, quando percebe que ajudou a salvar vidas de pessoas que já haviam perdido o sentido, aí você vai querer continuar fazendo isso até o último dia de sua existência.

Bem, a partir de agora, para fins didáticos, nós vamos separar este livro em dois momentos. Até o Capítulo 8, nós vamos trabalhar mais fortemente o papel do Coach. Do capítulo 9 em diante, vamos focar nos conteúdos para sua carreira de palestrante. É evidente que você vai perceber que boa parte dos conteúdos vão te ajudar nos dois papéis. Assim, como te falei, a separação é apenas para facilitar sua aprendizagem, combinado?

Então, a seguir vamos conversar sobre os mitos e verdades do que é o processo de coaching e do que ele não é.

Mitos e Verdades sobre o Coaching

Você já deve ter ouvido dizer que "de médico e louco todos nós temos um pouco", porque ninguém abre mão de dar palpites quando se trata de saúde ou doença. Ultimamente, poderíamos acrescentar nesta frase "de coach, médico e louco...", pois a quantidade de coachs que está aparecendo em cada esquina é impressionante! Olha, não me entenda mal, acho fantástico termos um número grande de profissionais dispostos a auxiliar outras pessoas a serem melhores. O que me incomoda é que gente pouco preparada se diz coach ou palestrante porque leu um livro e considera que já sabe mais do que o suficiente.

E assim vão se formando os mitos sobre o que é coaching. Para evitar qualquer equívoco, apresento a seguir os principais mitos e verdades nessa área:

Mito: Coaching é aconselhamento.

Verdade: Coaching é contribuir para que o coachee encontre as respostas.

Se conselho fosse bom, era vendido! Conselhos infantilizam, criam dependência e reforçam a posição de expert *versus* ignorante. No lugar, use perguntas poderosas. Na maioria das vezes, dizer ao outro o que fazer não facilita o desenvolvimento. Aconselhar pode ser mais rápido, mas não é compatível com o objetivo do Coaching, que é gerar aprendizado e facilitar a expansão das pessoas.

Mito: Coaching é para consertar comportamento problemático.

Verdade: Coaching é desenvolver novos potenciais.

O objetivo não é mudar a personalidade, e sim expandir o leque de respostas, treinando outras possibilidades para aumentar suas escolhas, ou seja, além dos comportamentos que a pessoa já tem, ela treina outros para ampliar suas escolhas diante das circunstâncias.

O ser humano tem uma tendência de, em situações de estresse, fazer mais do mesmo. Se a pessoa fala alto, em situações de estresse ela grita; se é fechada, em situações de estresse ela se tranca ou desaparece; se funciona lentamente, em situações de estresse ela paralisa.

A tendência é que o indivíduo repita um estilo de comportamento constantemente, mesmo quando a situação pedir por algo diferente. O comportamento em si não é problema, mas se torna por ser utilizado fora de contexto. O coach palestrante proporciona o desenvolvimento de novas competências, para que hajam outras opções mesmo em momento de estresse.

Todo trabalho de desenvolvimento de carreira se torna inócuo se o desenvolvimento de competências não fizer parte do processo.

Mito: Coaching é dar bronca.
Verdade: Coaching é gerar aprendizado.

Bronca gera mais medo que aprendizado. Através de perguntas, o coach faz o coachee se apropriar de seus erros e aprender com eles.

O coach lida com momentos de erro ou de adversidade de seu coachee como uma oportunidade de gerar aprendizado, fazendo perguntas que contribuem para que o coachee use os seus recursos internos para idealizar novas alternativas de solução.

O papel do coach é tirá-lo da cegueira, ajudando-o a reavaliar seu modelo mental, sua maneira de pensar e seus hábitos. Uma vez fora da névoa mental, da ilusão autogerada, o coachee consegue enxergar outras possibilidades.

As alternativas de solução já existiam, estavam prontas para serem enxergadas, mas a percepção mental do indivíduo o cega momentaneamente. Não é uma questão de inteligência, mas de hábito mental. Quanto mais inteligente for a pessoa, mais brilhantes serão os seus argumentos para provar que não existe outra solução.

Uma simples pergunta bem colocada do coach consegue "quebrar" o processo automático neuronal. Assim, para procurar a nova resposta, outras áreas do cérebro são ativadas.

Mito: Coaching leva muito tempo.

Verdade: O Coaching permite que o coachee aprenda a ser independente e caminhar sozinho.

Como Coaching é um processo direcionado ao desenvolvimento de competências predefinidas, o coach mantém o coachee focado no aprendizado, realizando conversas mais efetivas e eficientes, aumentando as probabilidades de sucesso.

Mito: Um bom coach ajuda a conseguir aumento e outros benefícios.

Verdade: Um bom coach ajuda a desenvolver competências.

Não há promessas, mas se sorte é junção de competência + oportunidade, aumentar a competência aumentará as possibilidades.

Mito: Coaching é intuitivo e não funciona.

Verdade: Coaching é um processo estruturado com foco na solução.

A função do coach não é de simplesmente ouvir o desabafo do coachee. O desabafo ou reclamação inicial é apenas o trampolim em cima do qual se buscam alternativas melhores.

Mito: Coaching é modismo.

Verdade: Líderes através da história fizeram Coaching.

Sócrates, o filósofo grego do século V a.C. já fazia isso. O método socrático consiste em uma técnica de investigação filosófica feita em diálogo onde o professor conduz o aluno a um processo de reflexão e descoberta dos próprios valores. Para isso, ele faz uso de perguntas simples e quase ingênuas que têm por objetivo, em primeiro lugar, revelar as contradições presentes na atual forma de pensar do aluno, normalmente baseadas em valores e preconceitos da sociedade, e auxiliá-lo assim a redefinir tais valores, aprendendo a pensar por si mesmo.

Mito: Basta uma conversa só.
Verdade: Coaching é um processo de aprendizado.

Existe um tempo natural a cada indivíduo para que este aprendizado ocorra. É um processo contínuo, de tentativas e erros, até que o coachee consiga consolidar o comportamento novo que está treinando. O diagnóstico sem sugestão de tratamento é absolutamente inútil na medicina e na atuação de um coach essa mesma premissa é válida. Não basta uma única conversa para apontar erros que seu coachee está cometendo. O objetivo não é julgá-lo. Você vai acompanhá-lo na nova trajetória que será traçada e percorrida por ele.

Mito: Coaching é avaliação de desempenho.
Verdade: Coaching é avaliação e desenvolvimento de competências.

O objetivo é avaliar quais competências o coachee precisa desenvolver para que aumente sua excelência. A mesma energia que se gasta reagindo a um problema pode ser usada para criar a solução.

Mito: Demonstrar humanidade é ser vulnerável.
Verdade: Coaching é ver e interagir com o outro de forma adulta.

A base do trabalho de coaching está na interação pessoal com seus coachees. A capacidade de escutar o que os coachees têm a dizer não é sinal de vulnerabilidade do coach, é sinal de respeito, e é essa interação que gera lealdade.

Coaching não é aceitar manha, muito pelo contrário, é escutar o que o outro tem a dizer e depois contribuir para que ele perceba possíveis alternativas, para que ele se responsabilize pela solução.

Mas não vamos colocar os carros na frente dos bois. Para atuar como coach você precisa ser um excelente ser humano, pois ninguém dá o que não tem. Precisa também aprender a ser um grande líder, porque, embora talvez você faça uma carreira solo e opte por não ter equipe de trabalho organizando suas palestras e sessões de coaching, você estará atuando como líder a cada vez que estiver num palco tocando mentes e corações de centenas de pessoas. Também será líder quando, nas sessões de coaching, ajudar seus clientes a encontrarem os rumos que desejam para as suas vidas.

Então, antes de sair por aí desenvolvendo pessoas, vamos cuidar do seu aprimoramento pessoal e profissional.

É o que faremos a partir do Capítulo 2, trabalhando cinco princípios do Líder Coach Transformador, que são:

- Descubra quem você é.
- Identifique como você é visto pelos outros.
- Aceite-se integralmente.
- Mostre o seu melhor.
- Auxilie os outros em sua jornada.

Estes princípios nortearão não só o seu desenvolvimento, mas também as mesmas ferramentas que vou aplicar em você para que você se desenvolva serão depois aplicadas por você em seus coachees. Ou seja, você terá a oportunidade de experimentar o que depois vai aplicar.

E o primeiro princípio é: **Descubra quem você é.**

TAREFA COMPLEMENTAR
❶

Antes do próximo Capítulo, sua tarefa de casa é ler o livro *Agora é Pra Valer*, da DVS Editora. Você pode encontrá-lo no site da DVS ou em meu site: http://marcialuz.com/

A partir dele trabalharemos os princípios da Liderança Transformadora, assim como a Beatriz Sampaio, uma coach supercompetente, fez com o Lucio Queiroz no livro. Leia o livro imaginando-se em breve sendo a Beatriz Sampaio da vida dos seus clientes.

  Você também deve assistir ao filme *Invictus*. Esse filme conta a história de um grande Líder Transformador. Recentemente eleito presidente, Nelson Mandela (Morgan Freeman) tinha consciência de que a África do Sul continuava sendo um país racista e economicamente dividido em decorrência do apartheid. A proximidade da Copa do Mundo de Rúgbi, pela primeira vez realizada no país, fez com que Mandela resolvesse usar o esporte para unir a população. Para tanto, chama para uma reunião Francois Pienaar (Matt Damon), capitão da equipe sul-africana, e o incentiva para que a seleção nacional seja campeã.

Mesmo que você já tenha assistido ao filme ou lido o livro, faça-o novamente, agora com o olhar de quem está investindo em sua carreira de Coach Palestrante.

Essas duas tarefas vão consolidar o que vimos até aqui e prepará-lo para o Capítulo 2.

Até lá.

CAPÍTULO 2

Descubra quem você é

Se você almeja alcançar alta performance como Coach Palestrante, antes precisa aprender a ser um grande líder transformador. Por sua vez, você só conseguirá ser um líder melhor ao final deste livro se tiver total clareza de quem você é hoje, quais são suas qualidades e aspectos a serem desenvolvidos, seus pontos fortes e pontos fracos, suas ameaças e oportunidades.

O primeiro princípio da Liderança Transformadora é: **Descubra quem você é.**

Então vamos a ele.

Identifique de que ponto você está começando a jornada. Revele-te a ti mesmo.

A maioria das pessoas evita fazer contato com sua própria essência, como se temessem descobrir um "monstro interior" que uma vez localizado, não poderá mais ser controlado. Não acredito que haja um monstro do lago Ness dentro de você, e ainda se houver, melhor descobrir logo do que ser devorado por ele a qualquer momento, não é mesmo?

Se você não sabe quais são suas competências e pontos a desenvolver, habilidades e inseguranças, forças e fraquezas, e se não tem total clareza de onde está e onde deseja chegar, fica muito difícil realizar progressos em sua caminhada.

Vou começar uma série de questões que vão lhe ajudar a descobrir quem você é.

É fundamental que você tenha um caderno e uma caneta à mão para anotar todos os seus insights, ideias e reflexões que forem surgindo. Além disso você vai preencher o **Formulário de Diagnóstico Inicial (ANEXO 1)**, que está no final deste livro.

Por favor, responda cada questão da maneira mais honesta e completa possível. Só fazendo o exercício este capítulo terá o efeito que você precisa para ser um Líder Coach Transformador. Entenda que responder as questões de forma verdadeira é mesmo fundamental o.k.?

E por que por escrito? Porque quando você anota, sua mente registra a resposta de maneira mais efetiva. Além disso, mais tarde você poderá voltar a elas observando o seu progresso, percebendo o que mudou em você.

Preparado? Então vamos lá.

Eu pergunto, você responde

CARACTERÍSTICAS PESSOAIS E PROFISSIONAIS:
1. A cultura da empresa onde você trabalha é mais *hard* ou mais *soft*?
2. E no passado, como era?
3. Como você gostaria que fosse no futuro?
4. Qual tipo de líder você é hoje?
5. Como era no passado?
6. Como gostaria de ser no futuro?
7. Se eu estivesse entrevistando sua equipe, e se eles fossem absolutamente sinceros, o que diriam de você hoje?
8. E no passado?
9. E o que você gostaria que dissessem no futuro?

10. Quando você está fazendo o seu melhor, o que faz em termos relacionais?
11. E no seu pior?
12. Cite uma pessoa que você admira (pode ser de seu círculo de amizade, personalidade ou personagem). Quais são suas qualidades?
13. Se eu estivesse entrevistando seus amigos, cônjuges ou filhos, o que eles me diriam de positivo sobre você?
14. E o que eles reclamariam de você?
15. Você cultiva os seus relacionamentos? De que maneira? Visita, telefona, escreve, cumprimenta em datas significativas?

HISTÓRICO DE EVENTOS DE VIDA:

16. Cite 10 momentos de definição em sua vida. Escolha momentos importantes que aconteceram sem que você escolhesse passar por eles (por exemplo: separação dos pais). Relate também como você mudou após cada um deles.
17. Cite sete escolhas decisivas feitas por você e sua percepção de si mesmo em cada uma delas.
18. Cite cinco pessoas influentes em sua vida, positiva ou negativamente. Como cada uma delas influenciou você?
19. Há quanto tempo você não vai ao médico? Já fez algum check-up? Quando foi a sua última consulta? Qual o motivo?

DECLARAÇÃO DE PROPÓSITO OU MISSÃO:

20. Por que você acorda todos os dias? O que te dá motivação para trabalhar?
21. Qual o seu propósito no trabalho? O que você traz para a sua empresa?
22. O que te diferencia dos demais colaboradores da empresa?

23. Se hoje você estivesse se aposentando, o que gostaria que as pessoas viessem te dizer? Como gostaria de ser lembrado?
24. Qual o legado você quer deixar quando partir deste mundo?

VALORES:
25. O que motiva você? Quando você se sente energizado?
26. Quando se sente importante? Por que isso é importante?
27. O que você faria de tudo para evitar (irritações, pesos, emoções, defeitos)?
28. O que você não tolera?
29. Todo homem tem seu preço (em dinheiro, joias, imóveis, benefícios, mordomia, etc.). Você concorda? Qual é o seu preço?

METAS:
30. Onde você gostaria de estar em um, três, cinco anos.
31. De tudo o que surgiu, qual a meta mais importante?
32. Qual a competência que se você tivesse desenvolvida criaria maior impacto positivo agora para alcançar esta meta?
33. Qual é o seu grande sonho profissional ainda não realizado? Você tem esperança de conseguir realizá-lo? O que falta?
34. Você é, de fato, um profissional competente? Em que você é realmente bom? Que contribuições ou benefícios você pode proporcionar a um empregador ou cliente?

MAPEANDO O FUTURO:
35. Você tem alguma reserva financeira de contingência? Na falta do emprego, durante quantos meses conseguiria viver com suas próprias economias?
36. O que você faz diferente, o que você tem ou faz que os outros não fazem?

37. O que mais você precisa desenvolver para se diferenciar?
38. Quem se interessaria pelo que você tem a oferecer?

Uff! Por enquanto chega de perguntas! Imagino que você deve estar precisando de uma parada para descansar. Estas perguntas talvez tenham gerado um certo desconforto, pois fazem pensar sobre várias áreas de sua vida. No entanto, agora é a hora de realmente conhecer-se profundamente.

E você tem algumas tarefas complementares que o ajudarão a desenhar o retrato que estamos construindo de você.

Para isso, você vai preencher os seguintes formulários:

TAREFA COMPLEMENTAR ❶

Formulário de Identificação do Propósito de Vida e Valores (ANEXO 2): o preenchimento desse formulário permitirá a você a construção de sua missão pessoal e profissional. Ajudará a fazer com que você tenha clareza de seu propósito de vida. Imagine que sua vida tem um propósito único – realizado através do que você faz, das suas relações e do modo como você vive. Descrever esse propósito proporciona uma poderosa reflexão sobre suas aspirações e ajuda a sinalizar se você está caminhando na direção certa ou não em sua vida.

TAREFA COMPLEMENTAR ❷

Estilos de Poder e Liderança (ANEXO 3): através deste teste descubra como você faz uso do poder e entenda as possíveis implicações na condução de sua equipe.

TAREFA COMPLEMENTAR ❸

Roda da Vida (ANEXO 4): é necessário que haja um certo equilíbrio entre as áreas da sua vida. Quanto mais irregular estiver a sua roda, mais força terá que fazer para avançar. É como uma corrente com elos muito fracos; se um arrebentar, prejudica o todo. Avalie o seu nível de satisfação atual em cada uma das áreas da sua vida e identifique de que forma você está "rodando" rumo aos resultados desejados e à sua felicidade.

Além disso, você vai assistir ao filme *Um Sonho Possível*, que vai aprofundar o tema autoconhecimento.

O filme conta a história real de Michael Oher, mais conhecido como Big Mike, um jovem sem casa, negro vindo de um lar destruído, que é acolhido por uma família branca de classe alta, que acredita em seu potencial. Com a ajuda do treinador de futebol americano de sua escola e de sua nova família, Oher terá de superar diversos desafios à sua frente, o que também mudará a vida de todos à sua volta.

Uma vez preenchido esse material e assistido ao filme será como se você tivesse se olhado no espelho, sem filtros, sem máscaras, sem disfarces.

Mergulhe nessa aventura de conhecer-se profundamente e prepare-se para saltar para um novo patamar de relacionamento com as pessoas à sua volta e até com você mesmo.

Te encontro no próximo capítulo, mas só depois de suas tarefas complementares realizadas, combinado?

CAPÍTULO 3

Identifique como você é visto pelos outros

Imagino que o capítulo passado te ajudou a saber um pouco mais a seu respeito, fazendo com que você tivesse oportunidade de entrar em contato até com desejos, necessidades e frustrações que estavam adormecidos. Mas isso não é suficiente para ter um mapa completo de quem é você.

A maneira como você se vê com certeza é muito diferente da forma como os outros lhe veem. Isso acontece com todo mundo. Para compreender melhor como esse processo se dá, observe a Janela de Johari.

Janela de Johari é uma ferramenta conceitual, criada por Joseph Luft e Harrington Ingham em 1955, que tem como objetivo auxiliar no entendimento da comunicação interpessoal e nos relacionamentos com um grupo.

A ferramenta pode ser aplicada para compreender as interações intra e interpessoais em várias situações, seja entre indivíduos, grupos ou organizações.

A palavra Johari tem origem na composição dos prenomes dos seus criadores: Jo(seph) e Hari(Harrington).

O modelo permite revelar como ocorrem as relações interpessoais de um determinado indivíduo, classificando os elementos que o dominam, num gráfico de duas entradas (janelas) que são: busca de feedback *versus* auto exposição, subdividido em quatro áreas:

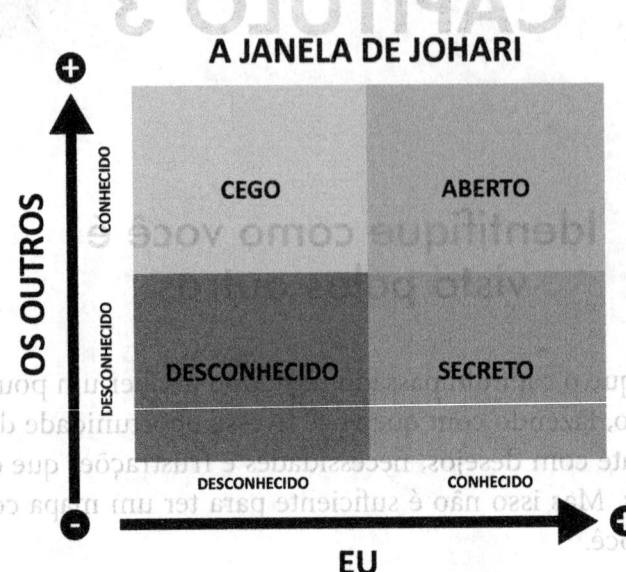

- **EU aberto:** qualidades que você sabe que tem e os outros também. É uma espécie de retrato onde a pessoa se identifica assim como os outros a identificam.
- **EU secreto:** qualidades que você sabe que tem e os outros, não. É o que a pessoa realmente é, mas esconde das demais.
- **EU cego:** qualidades que você não sabe que tem, mas os outros, sim. A percepção das demais pessoas sobre você.
- **EU desconhecido:** qualidades que nem você nem os outros sabem que você possui. É o que está presente no subconsciente, difícil de ser analisado e percebido.

Talvez você esteja pensando o seguinte em relação ao EU desconhecido: mas se ninguém sabe que essas qualidades existem, nem os outros, nem mesmo eu, quem garante que existem mesmo? Boa pergunta, o que exige uma boa resposta.

Sabemos que o Eu desconhecido existe porque em situações pontuais ele vem à tona, surpreendendo a todos, inclusive a você mesmo.

Sabe aquelas situações onde a vida te coloca numa situação limítrofe, de muita dor, ou de muito desafio, e você tem uma série de atitudes fantásticas ou horríveis e depois, quando olha para trás, comenta: "Nem eu mesmo sabia que seria capaz de fazer o que eu fiz". Pois bem, foi o Eu desconhecido que resolveu dar as caras quando foi provocado pela vida.

E o que eu posso fazer com as informações que a Janela de Johari me dá? Seu objetivo deve ser diminuir o EU Cego e ampliar a área de dominância do EU aberto, pois é no EU aberto que suas potencialidades mais se manifestam e como Coach Palestrante você é capaz de ajudar um maior número de pessoas.

E você só consegue ampliar o seu Eu aberto através do feedback, ou seja, as outras pessoas precisam informar a você o que estão vendo a seu respeito que possivelmente você desconhece ou até conhece e imaginava que não ficava evidente.

Acontece que dificilmente as pessoas nos dão este tipo de feedback, o que não significa que elas não estejam vendo aspectos que aprovam ou desaprovam em você. E o que vale realmente nos relacionamentos é como você é visto, pois é a partir desta percepção que as pessoas irão reagir às suas ações.

Se você quer ser um líder transformador, e um Coach Palestrante realmente competente, precisa saber quais são as opiniões de sua equipe, fornecedores, parceiros acerca de suas atitudes e maneira de se relacionar com o ambiente profissional.

Então é sobre esse ponto que vamos trabalhar a seguir, o segundo princípio da Liderança Transformadora: **Identifique como você é visto pelos outros.**

Vem comigo.

Feedback, uma ferramenta valiosa

Como vimos anteriormente, sozinho você é capaz de enxergar alguns aspectos a seu respeito, mas vários ficam na janela do EU desconhecido. Para ampliar a percepção acerca de si mesmo, você precisará de feedback.

E só existe uma forma de conseguir o feedback da sua equipe, parceiros, fornecedores: solicitando. Eles provavelmente não se sentirão à vontade para responder, por isso vamos optar por dois caminhos:

- Conversa com todas as pessoas que de alguma forma trabalham ou prestam serviço diretamente para você de uma vez só, numa reunião, onde você vai explicar o propósito do trabalho. Depois desta etapa você vai realizar entrevistas individuais;
- Preenchimento de uma avaliação 360°.

Na conversa com este seu grupo de referência na reunião geral você pode dizer que está estudando e aplicando os conteúdos de um livro de Coach Palestrante e quer se tornar um líder melhor. Para isso precisa ouvir de cada pessoa o que você está fazendo de positivo como líder e o que precisa ser aperfeiçoado. Diga que fará entrevistas individuais para que as pessoas fiquem mais à vontade para responder.

Para as entrevistas individuais, procure um lugar onde vocês possam ter privacidade, deixe a pessoa à vontade, evite mesas entre vocês, o ideal são duas cadeiras frente à frente, repita a proposta do feedback e diga que você só poderá ser um líder melhor com a ajuda dela. Encoraje-a a falar dos pontos a desenvolver e assuma a postura adequada ao receber feedback que é a seguinte:

⇒ **Ouça atentamente.**
⇒ **Reflita sobre o conteúdo do feedback.**
⇒ **Faça perguntas para clarificar.**
⇒ **Evite as justificativas e racionalizações.**

Você precisa dormir uma noite com o feedback antes de justificá-lo, pois, num primeiro momento, a tendência do ser humano é justificar-se. Uma vez que a emoção baixar, você terá condição de separar o que serve e o que não serve no feedback e realmente aproveitá-lo.

Durante o feedback apenas ouça e agradeça no final. Nem sonhe com qualquer tipo de retaliação ou ajuste de contas sob pena de perder a confiança de TODO o grupo para sempre!

Se você precisar discordar de algum ponto que foi dito a seu respeito, faça isso somente depois de dormir uma noite com o feedback.

Eu sei que é difícil ir para casa com a sensação de que tem um sapo entalado na garganta, mas isto é necessário. No calor do momento, as palavras que o outro disse não vão entrar, principalmente se acertaram em cheio numa ferida antiga sua.

Ao ir para casa com o feedback você ganha tempo para a emoção do momento diminuir e aí poderá olhar com mais imparcialidade para o que foi dito, aproveitando tudo que realmente é útil para o seu crescimento.

Quanto à avaliação 360°, ela deve ser aplicada da seguinte forma:

- Escolha o grupo que preencherá os questionários; você precisa de ao menos 12 pessoas distribuídas entre chefias, pares, subordinados ou fornecedores. O ideal é que a maioria seja subordinado, no caso de você ter uma equipe que trabalha para você.
- Eleja uma pessoa que coordenará todo o processo, entregando os formulários em envelope lacrado sem identificação. Explique para essa pessoa como funciona o preenchimento do questionário, detalhadamente, assegurando-se que ela realmente entendeu e peça para que ela faça o mesmo com cada pessoa que participará do processo.
- Tabule as respostas por categorias: pares/chefia/subordinados/fornecedores (se for o caso) para observar percepções diferentes entre elas, mas depois some as 12 avaliações (número total) por competência avaliada, ou seja, por linha.

- Despreze as questões com resposta 1, pois elas ficaram em cima do muro entre os dois extremos.
- Identifique em quais aspectos você foi melhor avaliado e, portanto, são seus alavancadores de crescimento.
- Identifique em quais aspectos você foi pior avaliado e, portanto, são as competências que você precisará desenvolver.
- Elabore um plano de ação para trabalhar estes aspectos, com pelo menos cinco ações para cada aspecto.

Veja agora como fazer a tabulação:

Vamos pegar a primeira linha do questionário para exemplificar: Rígido x Flexível.

Se as notas estão concentradas nas colunas da esquerda, significa que lhe consideram mais rígido; se estão nas colunas da direita, significa que lhe acham mais flexível. Some todas as notas que ganhou nas colunas da esquerda e separadamente some as notas que ganhou na coluna da direita e veja qual dos dois lados teve maior pontuação. Se 12 pessoas te avaliaram, você deverá ter 12 notas por linha para somar. Em nosso exemplo vamos trabalhar apenas com seis notas, como se apenas seis pessoas tivessem avaliado.

Preocupe-se quando as pontuações maiores estiverem concentradas do lado esquerdo.

Uma vez as duas somas realizadas, subtraia uma da outra da seguinte maneira (lembre-se que estou trabalhando com um exemplo de seis pessoas, mas você terá 12 em sua amostra):

Imagine que quatro pessoas deram notas do lado esquerdo com os seguintes valores: 4, 4, 5, 2 num total de 15 pontos, uma pessoa deu nota 1 (você despreza porque fica entre as duas categorias) e a outra pessoa deu nota 3 do lado direito num total de 3 pontos. Temos o seguinte total geral: 15 pontos para rígido menos 3 pontos para flexível= 12 pontos para rígido.

Faça isso para cada uma das linhas e terá um resultado final geral mostrando quais suas áreas de sucesso e que áreas precisa trabalhar/desenvolver.

Talvez os resultados não sejam muito confortáveis, mas só enxergando seus pontos a desenvolver você terá condições de crescer.

Tenha calma, não fique ansioso para resolver tudo de uma vez. Se você achar desconfortável começar a mudança pelo aspecto cujo resultado foi mais preocupante, não há problema. Escolha outro mais fácil de trabalhar, pois os seus progressos nessa outra área lhe darão motivação par modificar o que está mais difícil de atuar.

Agora vamos imaginar que sua avaliação foi fabulosa e que você só teve notas do lado direito da tabela. Ainda assim é possível trabalhar. Escolha o item em que o somatório da nota deu mais baixo e comece por ele.

Como tarefa de casa você tem então:

TAREFA COMPLEMENTAR ❶
Aplicar o Formulário de Avaliação 360° em seu grupo de referência (ANEXO 5) e,

TAREFA COMPLEMENTAR ❷
Assistir ao filme: *Uma Segunda Chance*.
Este filme é de 1991. Você encontrará em locadoras que tem acervo ou achará facilmente na internet para baixar. Embora seja antigo, sua mensagem é impactante e nos faz rever posturas que assumimos e não nos damos conta, o EU CEGO.

Henry Turner (Harrison Ford) é um frio advogado de uma grande empresa, que acabou de ganhar um caso usando um artifício nada louvável. Em seu lar ele é extremamente rígido com sua filha adolescente e tem com sua esposa Sarah um casamento de aparência. Henry trata a todos com um cruel egoísmo. Porém toda sua vida é alterada quando num assalto é baleado e perde a memória. Já em sua casa, suas lembranças começam a ser refeitas de forma bem lenta. Durante este processo Henry vai se revelando uma pessoa bem mais gentil e humana, que começa a questionar seu comportamento no passado.

Nos encontramos então no próximo capítulo.

CAPÍTULO 4

Aceite-se integralmente

Olá, seja muito bem-vindo ao nosso quarto capítulo. É possível que nesta etapa do livro você não esteja se sentindo muito feliz consigo, pois se apropriou de vários pontos a desenvolver, de aspectos que estavam adormecidos e que vieram à tona com estes exercícios de autoconhecimento e por ouvir a opinião das demais pessoas à sua volta a seu respeito.

Pois bem, bem-vindo ao clube dos seres humanos, que possuem qualidades e defeitos. É hora de trabalhar o terceiro princípio da Liderança Transformadora: **Aceite-se integralmente**.

Vamos lá então?

Somos seres dualistas, feitos de forças opostas. No entanto, para a maioria das pessoas é muito difícil admitir que possuem um lado sombra, uma parte de si mesmas da qual não se orgulham.

O ser humano se tem em alta conta e prefere fazer contato apenas com seu lado luz, porém só existe a luz porque existe a sombra.

Correr da sombra apenas intensifica o seu poder. Por outro lado, abraçar a sombra nos concede uma plenitude, permite que sejamos reais, reassumindo o nosso poder, libertando nossa paixão e realizando nossos sonhos.

Se você tentar sufocar seus sentimentos de raiva, medo, insegurança, inveja e sexualidade, a sombra ganha mais energia para seu próprio uso.

Em vez de permitir que a sombra nos vitimize, precisamos assumir o controle e recuperar nossas verdadeiras funções como criadores.

Até que você faça as pazes com os seus sentimentos negativos, eles persistirão. A maneira de lidar com a negatividade é reconhecê-la. Sinta o sentimento, seja ele raiva, medo, inveja, agressividade ou qualquer outra coisa e diga: "Eu o vejo, você me pertence".

Você pode se desprender da negatividade. O processo começa com o reconhecimento de seus sentimentos indesejados, trazendo-os à superfície. A negatividade não é você; considere qualquer reação negativa como se fosse uma alergia, algo que modifica sua situação apenas temporariamente. Uma alergia é sua, mas não é você.

Mas como identificar seu lado sombra? É o que eu vou te ensinar a seguir. Vem comigo.

Veja como identificar seu lado sombra

Veja agora como identificar seu lado sombra. Vamos fazer um pequeno exercício: vou te pedir para pensar na característica nos seres humanos que você mais abomina, o que mais te incomoda, o que te provoca repulsa quando você identifica em outra pessoa.

Pensou? Anote esta característica. Agora olhe para ela e responda a seguinte pergunta: relate uma situação em que você demonstrou exatamente essa característica que tanto abomina. Isso mesmo. Lembre-se e anote um exemplo de uma situação em que você fez exatamente isso que condena. E não vale dizer que nunca fez ou que não lembra; consulte seu banco de memória, pois tenho certeza que você tem um exemplo para dar.

Por que tenho tanta certeza? Simples: aquilo que julgamos ou condenamos nos outros é uma parte rejeitada de nós mesmos. "Se você viu, é porque também tem".

Por favor, não fique chateado comigo. Vamos entender como o processo funciona.

Uma vez que entro na escuridão de culpar e julgar, fico cega para enxergar minha luz e não consigo achar meu self melhor. Na realidade, o que fazemos é projetar no outro o que não queremos que se manifeste em nós.

É o caso daquela sogra que viveu escrava dos serviços domésticos durante toda a vida e muitas vezes se sentiu explorada pela família, querendo dar seu grito de alforria e cuidar de si própria, mas nunca teve coragem. Aí ela tem uma nora que aproveita todas as oportunidades para passear, viajar e curtir a vida, e que faz o estritamente necessário nas tarefas de casa. Evidentemente, esta nora não capricha tanto quanto a sogra na faxina, porque dedica menos tempo a isso. Aí, quando a sogra vai visitar a nora, rapidamente identifica sujeira nos cantinhos da casa e pensa: "Coitado do meu filho! Casou com uma mulher porca e desleixada".

O que realmente está incomodando esta sogra é ver que a nora consegue fazer o que no fundo ela mesma desejava muito, mas não tem coragem de realizar, que é dizer "que se dane" para o serviço escravo do lar e dedicar mais tempo a si mesma.

Assumir as próprias projeções é uma experiência corajosa que o torna humilde e pela qual todos temos de passar para encontrar a paz. Em geral, estamos fazendo exatamente o que criticamos nos outros.

Se você escolher, pode olhar agora para o que o afeta emocionalmente como um alarme, uma pista para desvendar sua sombra, um catalisador para o crescimento que lhe dá a oportunidade de recuperar um aspecto oculto de si mesmo.

Aprendemos na família, na igreja que precisamos ser bonzinhos o tempo todo para ganhar o reino dos céus. Acontece que ser totalmente bom o tempo todo é tão rígido quanto ser qualquer outra coisa o tempo todo; há momentos em que é absolutamente certo e saudável ficar zangado ou sentir medo.

No entanto, o ideal é que as forças da verdade, bondade e paz fiquem um passo à frente das forças sombrias.

Os únicos que conquistam a sombra não lutam com ela; eles a transcendem. Quando você transcende, vai além.

O mais importante na reconstrução do corpo emocional é se tornar mais inteiro.

Da perspectiva da plenitude você pode equilibrar a escuridão e a luz sem se tornar escravo de nenhuma delas. A oposição entre as duas pode se transformar em tensão criativa. O mocinho tem que continuar ganhando, mas é melhor o bandido não perder de vez, pois então seria o fim da história.

Você precisa de seus inimigos para ser quem você é.

A plenitude sempre tenta restaurar a si mesma. Seu corpo tem um leque de técnicas de cura. A plenitude e a cura estão intimamente ligadas.

Ser pleno é estar inteiramente curado. Você não estará inteiramente curado até que seu self dividido seja transformado.

A plenitude não é real até que os conflitos ocultos de sua vida sejam resolvidos.

Todos temos momentos do passado em que a dor emocional foi demais para suportar, então, nós a reprimimos na escuridão da sombra.

Quanto mais tentamos reprimir os aspectos de nossa personalidade que julgamos inaceitáveis, mais eles encontram meios nocivos de se expressar.

Em vez de sermos quem realmente somos, nós nos tornamos uma caracterização da pessoa que achamos que "deveríamos" ser.

Isso precisa mudar, pois seu futuro depende da eliminação de seu passado.

Uma imagem pessoal idealizada não é uma solução viável. Apenas a autoaceitação é. Demolir a imagem ideal de si mesmo é um desafio, porque ela é uma defesa bem mais útil que uma simples negação. Conforme se enxergar de modo mais completo, terá compaixão por suas falhas, o que o conduzirá à autoaceitação completa.

Precisamos abraçar nossa sombra para que possamos conhecer a liberdade de viver uma vida transparente, para nos sentirmos livres o suficiente e convidarmos outros a entrar em nossa vida.

O processo de reparação envolve coragem, compaixão e honestidade com você mesmo.

Seus segredos o mantém doente. A maioria de nós tem uma vida secreta e outra aberta.

A única forma de lutar contra a mágoa e a natureza opressiva de nossa sombra é com perdão e compaixão. O perdão não acontece em nossa cabeça, mas no coração.

Na presença do amor, o medo some.

O verdadeiro perdão significa saber que ninguém, de fato, é culpado. Todos nós somos inocentes aos olhos de Deus. Nossa luz é que é real, não nossa escuridão.

Agora, para consolidar o que você aprendeu neste capítulo, você vai preencher dois exercícios:

TAREFA COMPLEMENTAR ❶ Questionário de checagem do Efeito Sombra (ANEXO 6).

TAREFA COMPLEMENTAR ❷ Diagrama de Campo de Forças (ANEXO 7).

O primeiro apontará como você está lidando com sua sombra. E o segundo permitirá que você equilibre os campos opostos que regem sua vida, resgatando a harmonia e caminhando em direção à plenitude.

TAREFA COMPLEMENTAR ❸ Finalmente você vai assistir ao filme *Duas Vidas* para trabalharmos a autoaceitação.

Se você tivesse a chance de encontrar consigo mesmo quando tinha oito anos de idade, será que aquela feliz criança gostaria de ver o que você se tornou quando cresceu? Em se tratando de Russ Duritz, a resposta um ressoante "Não!". Russ (Bruce Willis) tem sua pacata vida como um profissional bem-sucedido virada de cabeça para baixo quando, de forma mágica e inesperada, encontra Rusty, ele mesmo com apenas oito anos de idade.

Rusty um doce e ligeiramente gordo menino que não fica nada feliz ao ver seus sonhos de ser um piloto de avião irem por água abaixo após conhecer sua versão adulta. Porém, o convívio de ambos irá ajudar Russ a relembrar seus sonhos de infância, para que ele possa se tornar o adulto que sonhava ser quando criança.

Até o próximo capítulo.

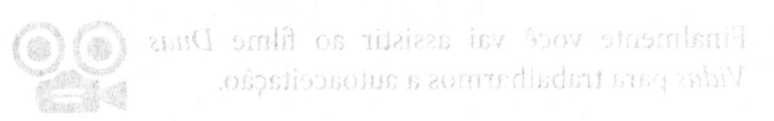

CAPÍTULO 5

Mostre o seu melhor

Olá, você já caminhou bastante na leitura deste livro e a essas alturas já fez algo muito importante: muito provavelmente você aprendeu ou está aprendendo a lidar com seu lado sombra, o que permite dar um grande salto em seu processo de crescimento rumo à plenitude.

Aprendi com o Anthony Robbins, no curso que fiz com ele em dezembro de 2016, que um coach palestrante só consegue transformar pessoas chegando até a alma de cada uma delas. E você só acessa a alma das pessoas quando mostra a elas o seu interior primeiro. Exponha-se verdadeiramente e conquistará a confiança delas.

Na realidade, eu já trabalhava esse conceito há muitos anos nas mais de 400 turmas de formação de instrutores e palestrantes que já ensinei. Só que eu ensinava isso usando a simbologia que Pierre Weill nos apresenta no livro *O Corpo Fala*.

Pierre Weil compara o ser humano com uma esfinge, sendo que na cabeça está a águia, que simboliza o conhecimento, no peito está o leão que rege as emoções e na região do estômago está o boi, responsável pelos instintos de fome, sede, sexualidade.

Pois bem, o excelente Coach Palestrante precisa levar para seu trabalho de palco ou de atendimento tanto a águia quanto o leão, conversando com as mentes e corações de suas audiências e clientes.

Coach palestrante que só se garante pelo conhecimento porque tem medo de se expor não acessa o coração das pessoas e por isso não provoca verdadeiras transformações.

E agora que você já conhece a dor e a delícia de ser quem você é, terá condições de trabalhar com muito mais maestria seus futuros clientes.

Então está na hora de ir além no seu processo de se transformar num super Líder Transformador. Uma vez que você já está consciente de que possui os dois lados, o desafio é fazer com que sua luz tenha mais espaço para crescer do que seu lado obscuro. É o que nos ensina o quarto princípio da Liderança Transformadora: **Mostre o seu melhor.**

Da mesma forma como entrou em contato com o seu lado sombra, você precisa enxergar suas qualidades. Sua sombra pode estar gerando tanta autocobrança, a ponto de você não mais visualizar o seu lado luz. É o que vou te ensinar em seguida.

Veja como identificar o que você tem de melhor

Para identificar o que você tem de melhor e mostrar ao mundo, a dica é a seguinte: pense numa qualidade que você valoriza muito nas outras pessoas, algo que você admira e pensa: "um dia eu quero conseguir ser assim". Anote esta característica.

Agora olhe para ela e relate uma situação em que você apresentou exatamente essa qualidade que admira tanto nos outros. Consulte sua memória, lembre-se de um exemplo, pois tenho certeza de que eles existem.

Vale aqui a mesma lógica de quando trabalhamos seu lado sombra: Se estiver atraído por uma qualidade em alguém, independentemente de sua grandiosidade, ela também existe em você.

Muitas vezes não percebemos, pois nossa autoestima rebaixada não permite. Em um dia comum, na vida de uma pessoa comum, o número de pensamentos sombrios que surgem é astronômico. Cultivamos diálogos internos negativos, frases que dizemos a nós mesmos e que vão construindo um panorama de medo, insegurança ou fracasso. São frases do tipo:

- Isso não vai dar certo.
- Eu sempre fracasso.
- Ninguém vai gostar das minhas ideias.
- Não adianta alimentar esperanças porque sempre faço a escolha errada.
- Só comigo que as coisas não funcionam.
- Eu não dou sorte mesmo.
- Não tenho tanta habilidade ou inteligência.

É preciso substituir esse diálogo interno negativo por frases positivas que lhe conduzam para uma nova forma de enxergar o mundo e, por consequência, para um novo patamar de resultados.

Funcionamos da seguinte forma:

Pensamentos geram sentimentos que provocam ações que feitas repetidamente viram hábitos, que estruturam o seu caráter, que finalmente definem o seu destino. Se você não está contente com a forma como a sua vida está hoje, ou seja, com o seu destino, é necessário mudar os pensamentos.

Você é o que você pensa!

Cinco minutos de meditação matinal séria pode garantir que ela guie nosso pensamento ao longo do dia.

Para encontrar amor, você tem de ser capaz de enxergar a si mesmo como alguém que pode ser amado. A névoa da ilusão gera o medo; removendo o medo, o que fica é o amor.

Para encontrar o sucesso você precisa acreditar em si mesmo e abrir-se para as dádivas que a vida tem para você. Acredite na abundância e não na escassez, pois a vida te devolve o que você planta no campo mental e, por consequência, no campo das ações.

Outra maneira de mostrar o seu melhor é ressignificando sua relação com as pessoas à sua volta. Vivemos acreditando no mito de que prazer, posses, realizações nos trarão plenitude, mas nada disso proporciona verdadeira felicidade. Só quando você se livra das amarras do ego, mostrando o seu melhor, apropriando-se da sua magia, ajudando outras pessoas a fazerem o mesmo, é que realmente será feliz.

Isto é ser um Líder Transformador.

Como tarefa de casa, você tem duas ferramentas para trabalhar:

TAREFA COMPLEMENTAR ❶ Fatores de Sucesso (ANEXO 8).

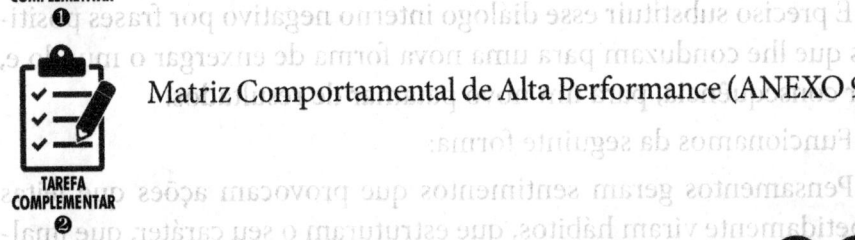

TAREFA COMPLEMENTAR ❷ Matriz Comportamental de Alta Performance (ANEXO 9).

TAREFA COMPLEMENTAR ❸ Além disso, para sedimentar o princípio "Mostre o seu melhor", irá assistir ao filme *Meu Malvado Favorito*.

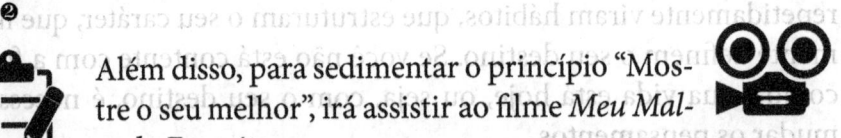

A pirâmide de Gizé foi roubada, sendo substituída por uma imensa réplica a gás. O feito é considerado o roubo do século, o que mexe com o orgulho de Gru. Desejando realizar algo ainda mais impressionante, ele planeja o roubo da Lua. Para tanto, conta com a ajuda dos mínions, seres amarelados que trabalham como seus ajudantes, e do dr. Nefário, um cientista. Só que para realizar o roubo terá que tomar de Vetor, o ladrão da pirâmide, um raio que consegue diminuir o tamanho de tudo que atinge. Sem conseguir invadir a fortaleza de Vetor, Gru encontra o plano perfeito quando vê as três órfãs Margo, Agnes e Edith entrarem no local para vender biscoitos. Ele então vai ao orfanato e resolve adotá-las. Só não esperava que, aos poucos, fosse se afeiçoar às irmãs.

Invista em você.

CAPÍTULO 6

Auxilie os outros em sua jornada

Bem-vindo ao nosso sexto capítulo e hoje você provavelmente já se sente muito mais preparado para ser um Líder Transformador, portanto pode colocar em prática o quinto princípio da Liderança Transformadora: **Auxilie os outros em sua jornada.**

É hora de começar a ajudar as pessoas da sua audiência a se transformarem em profissionais melhores e por consequência em seres humanos mais felizes e realizados.

Matthew Kelly, em seu livro *Os 7 Níveis da Intimidade*, nos diz que nossa missão neste mundo é nos tornarmos pessoas melhores do que aquelas que chegaram ao mundo, e só existe uma forma de realizar isso: ajudando outros seres humanos a fazerem o mesmo.

Como líder, você tem infinitas oportunidades de auxiliar pessoas e o impacto que você provoca em sua equipe, e até em suas famílias, tenha consciência disso ou não, é enorme! E como Coach Palestrante as suas oportunidades de ajudar seres humanos são ainda maiores porque você vai ter acesso a uma enorme quantidade de pessoas que precisam de apoio para descobrirem suas missões pessoais.

Um líder Coach Palestrante pode mudar o rumo da vida de pessoas através de gestos, palavras e, sobretudo, exemplos. Por isso, ser Coach Palestrante não é um trabalho, um ofício, é uma missão! É seu o papel de ajudar a transformar este mundo num lugar melhor para se viver, e isso só é possível auxiliando pessoas a alcançarem a melhor versão de si mesmas!

E aí, preparado para começar? Então vem comigo.

Aprendendo a atuar como Coach

Vamos introduzir os conhecimentos de Coaching para que você possa atuar como Coach Transformador. E a partir do Capítulo 9 vamos inserir em sua bagagem os conhecimentos que você precisa para ser também palestrante.

Sugiro que você comece trabalhando com duas pessoas. Um número maior do que esse não é aconselhável, pois você está aprendendo e precisa de tempo para dominar as técnicas que irá colocar em prática.

Por outro lado, uma pessoa só não lhe permite comparar o progresso alcançado pelos coachees, o que dependerá não só de sua performance como coach, mas também do empenho e dedicação de cada um.

É importante lembrar que o processo de coaching não funcionará com a mesma efetividade se for obrigatório. Ofereça o suporte, peça para que as pessoas interessadas se inscrevam e escolha as duas primeiras pessoas a partir dessa lista de interessados. Pessoas comprometidas dão muito mais resultados e você saberá no futuro com quem pode contar de fato em sua equipe.

Então vamos aos preparativos:

LOGÍSTICA

- **Acordo:** você precisa ao menos de dez sessões para trabalhar cada competência de seu coachee. O ideal é que as sessões ocorram uma vez por semana, sendo que entre uma sessão e outra o coachee terá tarefas de casa, que basicamente implica em colocar seu plano de ação em prática. Lembre-se: saber e não fazer é ainda não saber.

- **Local do encontro e horário:** você precisa de uma sala onde não ocorram interrupções e onde a privacidade seja assegurada. É importante que o coachee saiba que a conversa de vocês não está sendo ouvida por outras pessoas. Procure manter também o mesmo dia da semana e o horário para que haja uma certa regularidade. Se precisar alterar, combine antecipadamente com o coachee.

- **Confidencialidade:** o coachee é dono da informação. Para que a relação de confiança se estabeleça e o processo dê resultados, isso é fundamental.

- **Materiais:** tenha um caderno de anotações ou uma pasta para cada coachee, de modo que não precise contar apenas com sua memória, pois detalhes do processo fazem toda a diferença. O coachee também precisa ter um caderno onde anotará os novos conceitos, o que aprendeu e seu plano de ação. Além disso, existem materiais que você irá providenciar antecipadamente, como cópias de formulários ou de textos de apoio que você deseja que ele leia ou preencha.

- **Orientações básicas:** explique a ele o que é coaching e o que ele não é. Lembre-se que não se trata de terapia ou aconselhamento. Você não irá ajudar a resolver questões de ordem emocional nem pretende dar conselhos. Você é a pessoa que faz perguntas, e as respostas somente o coachee poderá encontrar.

Aqui vão as informações que você precisa transmitir a ele:

Alguns conceitos:

Emprestou-se o nome COACH do mundo esportivo, que representa a figura do técnico do time, aquela pessoa cujo papel é incentivar e ajudar o atleta a desenvolver habilidades para que ele aumente sua performance.

O COACHING é um processo estruturado no qual o Coach tem a missão de ajudar seu coachee a atingir objetivos que são acordados no início do processo. Vocês começarão com uma sessão inicial mais longa, na qual será feita uma avaliação da situação atual, do objetivo a ser alcançado e dos passos necessários para se chegar lá. Em seguida, acontecerão encontros semanais para implantação e acompanhamento do plano.

O Coaching parte do pressuposto de que o coachee tem todos os recursos de que necessita para atingir seus objetivos. O coach apenas dá ao coachee a estrutura necessária para que ele possa se encontrar e crescer.

Para você lembrar e saber:

> Coaching = o processo em si
>
> Coach = o profissional que conduz o processo
>
> Coachee = a pessoa que é alvo do processso

O **modelo** é do **aprendizado**, onde o objetivo é criar as condições para que o liderado, ou o coachee aprenda e se desenvolva, aumentando a sua capacidade de ação. E lembrando que no momento decisivo é o atleta, não o técnico, quem vai ganhar o jogo.

Fale também de seus papéis como coach, que são:
- Apoiador estratégico: proporciona o que falta para que o coachee atinja seus objetivos pessoais e profissionais; faz com que seu cliente encontre soluções para problemas complexos.
- Transformador de paradigmas: o coach é aquele que ajuda o seu cliente a sair do lugar-comum, a deixar de ser vítima das crenças limitantes.
- Estimulador do desenvolvimento interpessoal: pessoas de alto potencial que não decolam na carreira tem como entrave muito mais a falta de desenvolvimento interpessoal do que falta de desenvolvimento técnico.

Se você sentir necessidade, pode também apresentar ao coachee os mitos e verdades sobre o Coaching que já vimos aqui neste livro.

Esclareça ao seu coachee que a ferramenta número 1 do coaching é a pergunta. A grande mudança do paradigma da liderança acontece quando o líder para de dizer aos seus liderados como fazer as coisas e começa a perguntar.

Agendem a data, horário e local da primeira sessão.

Neste capítulo você tem ainda a sua disposição algumas ferramentas para consolidar sua aprendizagem como Coach, e preenche-las faz parte de sua tarefa complementar. São elas:

TAREFA COMPLEMENTAR ❶ Formulário de Reavaliação (ANEXO 10).

TAREFA COMPLEMENTAR ❷ Plano de Ação do Coach (ANEXO 11).

O primeiro formulário permitirá rever como foi o seu progresso até aqui e o segundo é um esquema com o passo a passo do que você deverá implantar com os seus coachees e que aprenderá até o final do curso.

TAREFA COMPLEMENTAR ❸ E em nossa sessão de cinema deverá assistir ao filme *Coach Carter*.

O filme conta a história real e inspiradora de um treinador que decide mostrar os diversos aspectos dos valores de uma vida ao suspender seu time campeão por causa do desempenho acadêmico dos atletas. Dessa forma, Ken Carter recebe elogios e críticas, além de muita pressão para levar o time de volta às quadras. É aí que ele deve superar os obstáculos de seu ambiente e mostrar aos jovens um futuro que vai além de gangues, prisão e até mesmo do basquete.

É hora de arregaçar as mangas, entrar em campo e fazer acontecer.

CAPÍTULO 7

O processo: da teoria à prática

Bem-vindo ao nosso sétimo capítulo. Você já trabalhou firme nos seis capítulos anteriores. Se em algum deles você não realizou as tarefas de casa, volte lá e faça isso antes de seguir adiante.

Lembre-se: este não é um livro para simplesmente ser lido. Você deve estudá-lo e implementar o que aprendeu para se transformar num excelente Coach Palestrante.

Claro que a leitura de um livro não substitui uma formação. Sugiro que você procure participar de nossa formação on-line e presencial o quanto antes. Para saber mais entre no site: http://marcialuz.com/cursos-e-ebooks/

Hoje você vai aprender o que fazer na primeira sessão com o seu coachee, uma vez que a primeira conversa que tiveram foi apenas para explicar como aconteceria o processo.

Antes da sessão você deverá fazer uma leitura ativa de todo o livro até aqui, concentrando-se principalmente nas informações valiosas que você precisa para atuar como coach. Quando falo em leitura ativa, me refiro a ler com marcador de texto, papel e caneta na mão para fazer suas observações, grifar o que for importante e registrar seus comentários.

Lembre-se que tudo começa com a construção de uma relação pautada em confiança e para isso é fundamental que você se utilize da escuta empática. Então vamos olhar mais de perto este assunto.

Construir uma parceria sólida baseada em confiança mútua

Se você encarar o trabalho de coaching apenas como mais uma de suas tarefas como líder, corre o risco de transformá-lo num processo automático e burocrático, o que vai minar a capacidade de interação entre coachee e coach.

Aprender significa ter a coragem de abrir mão de crenças, hábitos, modelos mentais que já estamos acostumados e já dominamos, e mesmo quando sabemos que estão superados e até nos prejudicando, ainda assim são confortáveis, como aquela roupa velha, com a qual você jamais apareceria em público, mas não consegue desvencilhar-se dela. Em contrapartida, aprender é abraçar o novo, o desconhecido, que só por isso pode parecer assustador. Quando entramos no contínuo do aprendizado, somos temporariamente novatos, o que gera sensação de falta de controle (um dos causadores principais de estresse) e nos sentimos infantilizados.

Este é o cenário interno do coachee. Adiciona-se um gestor que não percebe a importância de seu papel como coach e a lógica é que o próprio coachee não se comprometa. Quem se compromete a correr riscos quando não se sente apoiado?

O coach se torna uma testemunha do processo do coachee e ter alguém que exerce esse papel gera um senso de apoio e de que somos importantes. Isso se a relação de confiança existir. Do contrário, gera insegurança e sentimento de perseguição por parte do coachee, que se sente avaliado e até criticado o tempo todo.

Basicamente, os comportamentos mais úteis para que o processo de Coaching funcione são os seguintes:

- Feedback claro e construtivo.
- Relacionamento de confiança e apoio.

Em muitos casos, o coachee está tão pronto que só precisa de uma testemunha, de alguém que o observe sem julgamento e que demonstre interesse no seu sucesso.

Como líder coach transformador, você precisa ter a capacidade de estabelecer vínculos facilmente. E existem dois fatores que influenciam diretamente nesta capacidade:

1. Você é confiável?

Confiança é algo que se constrói ao longo do tempo. No entanto, você precisa ficar atento para não cometer os principais erros que minam qualquer relação de confiança que esteja sendo construída entre coach e coachee. São eles:

- Quebra de confidencialidade: vocês têm um pacto de transparência e abertura, mas se o coachee souber que as informações confidenciais que ele confiou a você estão se tornando públicas, vai começar a selecionar o que pode e o que não pode compartilhar com você.
- Desafios irreais: é importante não impor parâmetros de rapidez que não condizem com a realidade. Se o coachee sentir que a pressão exercida por você é muito grande, tenderá a encará-lo como um algoz e não como um apoiador de seu processo de crescimento.
- Dar conselhos: deve ser o último recurso, pois o papel fundamental do coach é ajudar o coachee a buscar respostas por si mesmo. O coachee pode ler sua postura como arrogância, e isso destrói os vínculos de cumplicidade e confiança.
- Não se torne um terapeuta. Não caia na tentação de querer resolver todos os problemas da vida do coachee; este não é seu papel e possivelmente você nem está qualificado para isso. Se falhar, o que possivelmente ocorrerá é que você deixará o coachee inseguro em relação à sua verdadeira qualificação e competência para ser coach. Se durante o processo você identificar a necessidade de se trabalhar questões emocionais e pessoais do coachee, faça o encaminhamento para um profissional da área.

2. Você sabe escutar?

Não fomos treinados para ouvir, de modo a COMPREENDER real e profundamente o outro ser humano, a partir do seu quadro de referências.

A maioria das pessoas não consegue escutar com intenção de compreender. Ouve com a intenção de responder.

São cinco os níveis de escuta:

- Ignorar o que é falado – não escuta nada.
- Fingir que escuta – sei, sei. Claro.
- Atenção Seletiva – ouve apenas partes da conversa.
- Atenção concentrada – nas palavras ditas.
- Atenção empática – forma mais elaborada de ouvir.

Podemos dizer então que a Escuta Empática é o caminho que o Líder Coach Transformador deve adotar. Ela consiste em:

- Escutar com a finalidade de compreender.
- Olhar para dentro da pessoa, ver o mundo como ela o vê.
- Compreendê-la profundamente, tanto no plano emocional como no intelectual.
- Escutar com os ouvidos, ouvir com os olhos e o coração.

Como coach, o líder precisa treinar sua habilidade de escuta empática para:

- Escutar a história em si.
- Escutar sem julgar a pessoa.
- Escutar o seu modelo mental: cada história que o coachee conta é, na realidade, uma descrição de como ele funciona, e é nisto que o coach deve prestar atenção.
- Escutar as qualidades do outro.

A partir destas bases, coach e coachee estão prontos para iniciar o processo de Coaching de maneira sólida e eficaz.

Treine suas habilidades em ouvir, aprenda a controlar o desejo de dizer o que fazer. Treine transformar conselhos em perguntas instigantes.

Assim você estará pronto para começar.

Basicamente, seu objetivo será avaliar quais competências eles precisam desenvolver para que aumentem sua excelência. E o seu papel como coach é o de contribuir para o desenvolvimento destas competências que ajudarão o coachee a atingir suas metas mais eficientemente.

A mesma energia que se gasta reagindo a um problema pode ser usada para criar a solução, e é isso que vocês farão juntos a partir de agora.

Durante todo o processo você se utilizará de quatro perguntas poderosas com o coachee:
- O que você quer?
- Como você pode conseguir isso?
- O que pode impedi-lo?
- Como você vai saber que conseguiu?

Por outro lado, o coachee deve sempre perguntar a si mesmo:
- O que posso aprender?
- O que fiz que não funcionou?
- O que poderia fazer melhor da próxima vez?
- O que fiz que deu certo?

O primeiro passo é que ambos conheçam o ponto de partida para saber que caminhos precisarão ser trilhados. Então, na primeira sessão de Coaching, você fará com o seu coachee o que fizemos em nosso segundo capítulo, lembra? Vou recapitular a seguir.

Coleta de dados e a aliança inicial

Agora eu vou te ensinar o que você precisa perguntar e investigar na fase de coleta de dados e aliança inicial. Vamos lá.

1. Metas iniciais:
- Por que você está buscando o coaching?
- O que você quer focar nos próximos meses?
- Como saberemos que nosso trabalho teve sucesso? O que você terá conseguido? O que terá mudado?

2. Escuta ativa:

Peça para o coachee relatar momentos em que não estava agindo como queria ou conseguido o que queria.

Busque exemplos concretos do problema que o coachee diz que tem. Você não deve discordar, ou julgar, mesmo que enxergue de outra forma. Pegue o conteúdo da mensagem e repita para ele deixando claro que ele está sendo ouvido e compreendido.

Não fique com o discurso, e sim com as ações, com os exemplos concretos.

3. Sinalize desafios e oportunidades:
- Esta situação ou problema é uma grande oportunidade de você desenvolver o quê? O problema presente indica que existe uma habilidade que não está presente. Assegure o coachee de que ela será identificada e desenvolvida com o trabalho.

ESTABELECER UMA VISÃO DE FUTURO

Declaração da missão:

A empresa onde o coachee trabalha provavelmente tem uma missão definida, uma razão de existir. Mas o coachee precisa definir qual

é a sua missão pessoal. As perguntas-chave para que o coachee defina sua missão pessoal ou seu propósito de vida são as seguintes:
- O que você deseja criar neste ambiente?
- Qual o legado que quer deixar?
- Você quer ser lembrado pelo quê?
- Por que você acorda e vai para o trabalho todo dia?

Valores:

Para saber os valores positivos que motivam o seu coachee, pergunte sobre momentos de sua vida onde ele se sentiu energizado e satisfeito, e você vai notar vários valores ou alguns valores recorrentes em situações diferentes. Para saber quais os negativos, descubra qual tipo de situação é altamente irritante ou estressante para ele e que ele faz de tudo para evitar.

Valores conflitantes são duas forças opostas exercendo pressão ao mesmo tempo. Enquanto o valor positivo motiva a pessoa a ir atrás de sua meta, o valor negativo (caso exista algum em relação à mesma meta) a leva para o lado oposto. É como acelerar e pisar no freio ao mesmo tempo. A pessoa está, ao mesmo tempo, indo atrás do que quer enquanto está querendo se proteger de alguma sensação negativa.

> Você já trabalhou esses conteúdos em nosso segundo capítulo e agora é hora de ajudar o seu coachee a fazer o mesmo. Procure repassar para ele tudo o que aprendeu no Capítulo 2 e aplique os seguintes formulários:
> - Formulário de identificação do Propósito de Vida e valores.
> - Roda da Vida.

Até aqui você trabalhou com ele o primeiro princípio da Liderança Transformadora: **Descubra quem você é**.

Agora é hora de mostrar a ele que talvez os outros o enxerguem de maneira diferenciada e para que ele possa evoluir, precisa colher estas percepções, ou seja, o segundo princípio da Liderança Transformadora: **Identifique como você é visto pelos outros**. Para isso, vocês se utilizarão de duas ferramentas:

- A avaliação 360°.
- A coleta de dados C.L.I.E.R.

Vou explicar tudo isso detalhadamente agora.

A Avaliação 360°

Vamos relembrar agora como funciona a avaliação 360°.

O propósito é de coletar dados vindos de pessoas de várias categorias de interação com o coachee, para contrastar a imagem que este tem de si e a percepção que os outros têm dele.

O coachee faz a sua autoavaliação e, no final da coleta de dados, nota o contraste que existe entre a sua percepção de si *versus* a percepção dos outros.

O processo todo é baseado em opiniões subjetivas. Para evitar que a parcialidade de algumas pessoas sobre o coachee gere distorções, é importante que o número de avaliadores seja de, pelo menos, entre dez e 12 pessoas.

Se ele não tiver uma equipe subordinada a ele, não há problema algum. Essas pessoas podem ser parentes, amigos, colegas de trabalho ou de faculdade.

Mesmo se o coachee achar que a percepção dos outros não combina com a sua percepção de si, é hora de perguntar a si mesmo o que pode estar causando esta dissonância. O objetivo não é perder a sua identidade, e sim se adaptar as condições para que a sua identidade possa ser expressa com impacto mais positivo.

A coleta de dados CLIER:

Este método foi desenvolvido pela equipe do **ICI - Integraded Coaching Institute** e, com certeza, será para você um grande facilitador na montagem do diagnóstico e linhas de atuação com o seu coachee.

- **C - Cultura:** investigar como o coachee vê a cultura da empresa em comparação ao seu estilo pessoal.
- **L - Liderança:** qual o estilo de liderança do coachee? Como ele atua quando lidera?
- **I - Informação 360:** peça para o coachee imaginar que os seus pares e sua equipe estivessem sendo entrevistados sobre ele. O que eles diriam? Sobre o que eles reclamariam? Quais seriam os elogios?
- **E – Experiências diárias:** quando o coachee está no seu melhor durante o dia, qual atividade ele exerce que ele sabe fazer muito bem? E, no seu pior, qual atividade ou situação ele sabe que não vai bem?
- **R – Role models (modelos de referência):** quem são modelos que ele admira e por quê?

Na realidade, estamos falando daquelas 38 questões que fiz com você em nosso Capítulo 2. Se você olhar com atenção, vai identificar cada um dos tópicos acima.

Como resultado do CLIER, o coachee muito provavelmente terá uma ideia mais clara das competências a serem trabalhadas.

> Você vai utilizar aqui com o seu coachee o mesmo formulário que foi utilizado com você no Capítulo 3, o Formulário de Avaliação 360°. Lembre-se de garantir o sigilo das pessoas que responderão. O coachee não precisa saber quem disse, e sim o que foi dito acerca de seus pontos fortes e os pontos a desenvolver.
>
> Também vai aplicar o Formulário do método CLIER (**ANEXO 12**) com as 17 questões.

Essas serão tarefas de casa, e o coachee deve trazer na próxima sessão as questões respondidas e a avaliação 360° tabulada. É importante que ele responda as questões antes de ver o resultado da tabulação das avaliações para não o influenciar.

Sugiro que você dê um prazo maior até a próxima sessão de 10 ou 15 dias, para que tudo isso fique pronto. Coloque-se à disposição para auxiliá-lo em qualquer dificuldade.

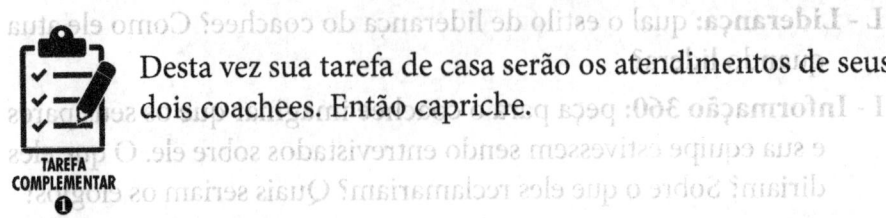

TAREFA COMPLEMENTAR ❶ Desta vez sua tarefa de casa serão os atendimentos de seus dois coachees. Então capriche.

TAREFA COMPLEMENTAR ❷ E você também deve assistir ao filme *Chamas da Vingança*. Este filme vai te ajudar a entender o quanto o papel do Coach pode fazer toda a diferença no alcance dos resultados por seu coachee.

A história é a seguinte: uma grande onda de sequestros varre o México, fazendo com que muitos de seus cidadãos mais ricos contratem guarda-costas para seus filhos. John Creasy (Denzel Washington) é um desmotivado ex-agente da CIA que aceita a proposta de ser guarda-costas da pequena Pita (Dakota Fanning), uma garota de 9 anos que é filha de um industrial (Marc Anthony). Creasy faz pela menina muito mais do que o contrato de trabalho exige e ele também se transforma num ser humano melhor com a ajuda dela.

Identifique de que forma John atuou como coach.

Parabéns! O primeiro passo é o mais importante e você acabou de dar.

CAPÍTULO 8

Conexão poderosa

Bem-vindo novamente. Hoje, em nosso oitavo capítulo, vamos nos preparar para a sua próxima sessão de coaching com o seu coachee.

Aqui é muito importante que você faça um exercício de empatia com o seu coachee. Lembre-se de como foi para você entrar em contato com o seu lado sombra, descobrir que os outros não o viam de maneira tão positiva quanto você imaginava, e mesmo que para você tenha sido uma experiência tranquila, acredite: há uma grande possibilidade de que para o seu coachee tenha sido bem pesado!

Lembre-se que ele acabou de fazer contato com aspectos de seu comportamento e de sua personalidade que desconhecia ou ao menos que imaginava que os outros desconheciam. Nesse momento é possível que ele esteja se sentindo exposto, vulnerável, magoado ou com sentimento de inadequação perante o grupo.

É hora de ajudar o seu coachee a perceber que ele não é refém do passado e que pode mudar a sua história quando quiser, desde que aprenda a aceitar o seu lado sombra, sem culpa, sem cobrança, mas buscando desenvolver e mostrar o seu melhor.

As pessoas reativas tendem a reclamar do que não está bom ao invés de colocar foco em construir o que querem. Uma pergunta poderosa que pode ajudar o seu coachee é a seguinte: "O que você gostaria em vez desta situação" ou "se as coisas fossem como você idealiza, o que estaria acontecendo".

Quando o coachee percebe que seu coach vai ajudá-lo a aumentar as possibilidades de conseguir as suas metas, ele se torna motivado no processo, pois enxerga que terá ganhos pessoais.

O que você estará fazendo com ele neste segundo encontro nada mais é do que trabalhar o terceiro princípio da Liderança Transformadora: **Aceite-se integralmente.**

Então vamos lá:

Fale para ele sobre o Efeito Sombra, explique como o ser humano funciona e mostre o quanto agora ele está mais próximo de saltar em sua vida profissional e pessoal, pois tem mais pistas, mais elementos acerca de seus pontos fortes e pontos a desenvolver.

Existem obstáculos para chegar até as metas traçadas? Ótimo! Mostre que isso são oportunidades de crescimento.

Deixe-o desabafar, utilize-se da escuta empática, repita o que ele disse para que se sinta ouvido e compreendido. Não dê conselhos. Apenas ouça.

Se ele estiver pronto para prosseguir, vocês partirão para a definição das metas e plano de ação. Se não estiver, utilize esta sessão apenas para ouvi-lo e dê mais uma tarefa de casa a ele: assistir ao filme *A Família do Futuro*. Trata-se de um filme de animação onde o personagem principal, Lewis, é um garoto responsável por invenções brilhantes e surpreendentes. Seu mais recente trabalho é o escâner de memória, uma máquina que o ajudará a encontrar sua mãe biológica, o que permitirá que ele enfim tenha uma família. Porém, antes mesmo de utilizá-la, a máquina é roubada pelo Bandido do Chapéu de Coco. Lewis recebe então a visita de Wilbur Robinson, um jovem misterioso que o leva em uma viagem no tempo. Já no futuro Lewis conhece os Robinsons, a família de Wilbur, que o ajudará a recuperar o escâner de memória e, principalmente, Lewis aprenderá que erros não são problemas, e sim oportunidades de aprendizagem.

Sugiro que você assista ao filme antes de indicá-lo a seu coachee.

Cumprida esta etapa, você poderá prosseguir para o quarto princípio da Liderança Transformadora: **Mostre o seu melhor**. Para isso, seu coachee precisará definir as Metas e o Plano de Ação.

Tudo isso vou te explicar a seguir.

Metas

Hoje você verá que existem dois tipos de **metas** a serem trabalhadas:
1. Meta de desenvolvimento ou estratégica (onde pretende chegar. Por exemplo: ser presidente da empresa, comprar casa própria etc.).
2. Meta de performance ou de competência.

A meta de performance ou competência deve ser definida a partir da competência que preciso desenvolver para chegar à minha meta estratégica.

Lembre-se que seu objetivo como coach não é assegurar que o coachee vai alcançar a meta estratégica, e sim que ele vai desenvolver a competência; afinal, a meta estratégica pode só ser alcançada depois de muitos anos. O que você vai fazer é colocar o coachee caminhando na direção certa e com as ferramentas necessárias para chegar lá.

Nos dois casos as metas devem ser registradas num caderno de Plano de Ação do coachee e também anotadas por você para que possa realizar o acompanhamento.

Uma vez que o coachee anuncie sua meta para outros, naturalmente se torna mais disciplinado ou vai se sentir envergonhado pela incongruência entre a meta que anunciou e as ações que está tendo.

A questão-chave é: como atingir o que ele quer dentro do contexto do que a empresa quer?

Uma vez que o coachee tenha definido a sua meta, a próxima pergunta lógica seria sobre os recursos existentes. O que você tem (qualidades, habilidades, competências) que lhe ajudam a conseguir a meta e o que está faltando desenvolver?

Possivelmente várias áreas de desenvolvimento virão à tona durante o processo de coleta de dados e agora o coachee deve escolher dentre estas qual a competência mais urgente a ser trabalhada.

O objetivo é criar um alinhamento entre o que o coachee vai desenvolver e do que a empresa precisa. Que tipo de pessoa você precisa ser, com qual comportamento para aumentar a possibilidade de conseguir a sua meta?

Minimetas são os sinais ao longo do caminho que marcam o progresso do coachee. Subdividir as metas em minimetas evita o choque que existe quando o coachee nota que o seu desejo está muito longe de seu presente.

Lembre-se que se a meta for fácil demais, gera tédio, pois não requer nenhum crescimento e, assim, não existe satisfação.

Se a meta for difícil demais, gera ansiedade, pois o indivíduo sente-se inadequado, sem controle nenhum e sem poder para lidar com o que precisa ser feito. O ideal seria manter a meta original, subdividi-la em quantas minimetas forem necessárias e desenvolver as competências ou aptidões para que a pessoa consiga ir em frente.

Lembre-se que a meta precisa ser:
- Específica: clara, de fácil entendimento.
- Mensurável: que você saiba quando alcançou.
- Alcançável: nem fácil demais, nem impossível.
- Relevante: ou seu coachee desistirá no primeiro obstáculo.
- Temporal: em quanto tempo vai conseguir isso?

Se o coachee ainda estiver com dificuldade de definir por onde começar, que metas priorizar, as seguintes perguntas podem ajudar:
- Onde você gostaria de estar em um, três e cinco anos?
- De tudo isso que você enumerou, qual a meta mais importante em sua carreira hoje?

- Qual a competência que criaria maior impacto positivo agora para alcançar esta meta?

Depois disso, aplique os cinco quesitos anteriores para ver se a meta está adequada (é específica? Mensurável? Alcançável? Relevante? Será alcançada em quanto tempo?).

Uma vez traçadas as metas, vamos construir o caminho de como implementá-las.

Plano de Ação

Agora vamos ajudar seu coachee a fazer o Plano de Ação.

É importante lembrar que o processo de formulação das ações deve ser sempre baseado em:
- Capacidade de maior aproximação da meta.
- Capacidade de desafiar o coachee.

Para ajudar o coachee a construir o Plano de Ação, peça para que ele busque no passado momentos de sucesso em relação ao que quer desenvolver. Com certeza, ele já teve episódios de sucesso nessa área e lembrar deles trará dois ganhos:
- Motivar o coachee percebendo que é possível, pois no passado já conseguiu.
- Descobrir a fórmula do sucesso (o passo a passo que ele já executou e que trouxe resultados, ainda que em pequena escala).

Além disso, utilize-se das perguntas poderosas:

- O que ele vai fazer?
- Como vai fazer?
- Quando vai fazer?

Estas três perguntas levam o indivíduo para a ação.

Evite o "porque", pois o "porque" leva para o passado, para o campo de justificativas. Queremos o coachee proativo e não reativo.

Não discorde do plano de ação, mesmo que com sua experiência você já tenha como prever que não vai funcionar.

No máximo você pode fazer perguntas para provocar a reflexão do coachee. Exemplo:

Coachee: Quero perder peso; vou começar na segunda-feira.

Coach: e o que você fará no fim de semana está te levando mais perto ou mais longe de sua meta?

Se o coachee disser que será indiferente ou que não se importa, não interfira. O Plano de Ação é dele e você precisa dar o tempo para que ele descubra por seu próprio esforço o que funciona e o que leva ao fracasso.

Lembre-se das caixinhas de sugestões do Lucio Queiroz no livro *Agora é Pra Valer*. Volte ao livro e veja como Beatriz Sampaio agiu quando Lucio traçou um plano de ação que Beatriz sabia, por sua experiência, que seria um fracasso.

Observe também que após dar errado, Beatriz não fez nenhum comentário pejorativo do tipo: "É óbvio, não é mesmo Lucio, que uma ideia de jerico daquelas não poderia funcionar!"

Algumas perguntas complementares podem ajudar a traçar o Plano de Ação:

- O que você quer criar esta semana para se aproximar da sua meta?
- O que precisa ser desbloqueado para você ir em frente?
- O que você precisa para se motivar?
- O que você fez para passar pelos obstáculos do passado?
- O que você pretende fazer agora, em que ordem?

Para garantir a efetividade dos resultados, faça com que o coachee liste as ações que realizará com a data de entrega.

O ideal é que o coachee tenha a oportunidade de treinar sua nova competência várias vezes por dia, acelerando seu aprendizado. "Saber e não fazer é ainda não saber". Dizemos que o aprendizado de fato ocorreu quando o coachee tiver condições de colocar a nova competência em prática com um certo conforto ou naturalidade, e isso requer muita repetição.

> Para auxiliá-lo nesta etapa você tem dois formulários que deverá utilizar com seu coachee:
> - Formulário de definição de metas (**ANEXO 13**).
> - Formulário para confecção de Plano de Ação (**ANEXO 14**).

Antes que o coachee parta para a implementação do Plano de Ação, ainda existe uma etapa importante: prever os possíveis obstáculos e antecipar um plano B e até um plano C.

Existem três tipos de obstáculos mais comuns:

- **Obstáculos logísticos** – basicamente estamos falando de tempo, apoio e recursos. É conveniente que o coachee antecipe a busca de todos os recursos que vai utilizar ao longo do processo, de tal forma que questões logísticas não sirvam de desculpa para paralisá-lo. Perguntas como quem, o que, quando, como, quanto custa, podem auxiliar na construção do planejamento logístico.

- **Obstáculos internos** – como já falamos anteriormente, num processo de mudança é normal que apareçam medos, inseguranças e ansiedades o que pode travar o desenvolvimento do coachee. Além disso, ele pode ter pressa para alcançar resultados, e quando não vislumbra o progresso que deseja na velocidade que imagina, pode perder a confiança em si mesmo, no coach ou no processo. Uma maneira de resgatar sua motivação é relembrá-lo de suas metas, trazendo-o de volta ao foco do trabalho.

- **Modelos Mentais enrijecidos** – modelos mentais, também chamados de paradigmas, são os filtros que utilizamos para enxergar o mundo. Os fatos que ocorrem a nossa volta são muito semelhantes de uma pessoa para outra, mas a forma como são vistos varia muito e isso altera completamente os resultados alcançados. Sucesso e fracasso são dois lados de uma mesma moeda, e o que define a direção é a maneira como o coachee vê a si mesmo e ao mundo. É seu papel ajudar o coachee a questionar seus modelos mentais, de tal forma que veja novos caminhos que já estavam lá antes, mas não eram percebidos. E a melhor forma de realizar isso é através de perguntas, fazendo com que o coachee reflita acerca de suas próprias percepções.

Um bom teste para saber se o Plano de Ação é realizável é pedir para o coachee olhar cada uma das ações que traçou e dar uma nota de 0 a 10 para o quanto o coachee se sente preparado para colocá-las em prática.

Se a nota que ele der for baixa, significa que ele está inseguro quanto à sua implementação. Peça para que ele relate quais são os dificultadores e como poderia contorná-los.

Se o obstáculo for logístico, peça para que o coachee crie um plano de ação para removê-lo ou contorná-lo.

Se o obstáculo for emocional, e se o coachee desejar, você pode propor usar uma técnica de role play, realizando uma simulação da situação. Vocês dois vão ensaiar o comportamento que ele repetirá depois na situação real.

Você pode também usar uma técnica de mentalização, fazendo com que o coachee construa em sua tela mental a cena dele colocando em prática o plano de ação. Peça para o coachee fechar os olhos, ajude-o a relaxar, e com a voz tranquila vá construindo a cena para ele e fazendo com que ele se aproprie do sucesso de ter alcançado seu objetivo.

Despeça-se relembrando quando será a próxima sessão e colocando-se à disposição para auxiliá-lo nesse meio tempo se ele precisar.

Na sessão seguinte, o coachee vai relatar o que colocou em prática e quais foram seus resultados.

Comemore cada pequeno progresso, ainda que ele não tenha conseguido colocar o plano de ação 100% em prática.

Faça com que ele avalie quais foram suas vitórias e o que precisa reformular.

Utilize duas técnicas principais para isso:

- Perguntas poderosas: o que, como, onde?
- Técnica do gravador: repita para ele frases significativas que ele disse, imediatamente após ter dito, para que ele possa SE OUVIR! Parece incrível, mas a maioria das pessoas não se ouve, e ele precisa se dar conta do que está dizendo para perceber onde errou, o que precisa mudar e quais modelos mentais estão paralisando-o.

A seguir, trabalhe com ele o próximo plano de ação. Lembre-se que as metas só podem ser negociadas para cima, nunca para baixo. Se a meta foi mal avaliada e está grande demais, faça com que o coachee divida-a em minimetas, mas não abra mão do tamanho da meta que foi traçada, ainda que ela exija um tempo maior para ser alcançada.

E assim você continuará fazendo a cada sessão. Quando sentir necessidade de complementar as aprendizagens do coachee dando como tarefa de casa a leitura de um livro, de um texto, ou mesmo assistir a um filme relevante, fique à vontade para fazer isso, como fez Beatriz Sampaio no livro *Agora é Pra Valer* e como eu fiz com você.

Lembre-se que de hoje em diante você estará atuando como coach o tempo todo, seja nas sessões formais, agendadas, ou nas conversas, feedbacks do dia a dia. Oriente menos e pergunte mais.

Jeff Immelt, sucessor de Welch na GE, diz que "a competência mais importante de um líder na GE é ser um professor". Revela que 40%

de seu tempo é usado lidando com coaching e desenvolvimento. Não pode ser diferente no seu caso. Se você quer desenvolver audiências de alta performance, aja como os grandes líderes.

Agora vamos às nossas tarefas complementares:

TAREFA COMPLEMENTAR 1

Você vai continuar realizando os atendimentos de seus dois coachees. Siga adiante até completar 10 atendimentos com cada um deles.

TAREFA COMPLEMENTAR 2

E para consolidar as aprendizagens como coach, agora é hora de assistir mais um de nossos filmes. O filme deste capítulo é *Meu Nome é Rádio*. Anderson, Carolina do Sul, 1976, na escola secundária T. L. Hanna. Harold Jones (Ed Harris) é o treinador local de futebol americano. Jones conhece um jovem com necessidades especiais, James Robert Kennedy (Cuba Gooding Jr.). Jones se preocupa com o jovem quando alguns dos jogadores da equipe fazem uma "brincadeira" de péssimo gosto, que deixou James apavorado. Tentando compensar o que tinham feito com o jovem, Jones o coloca sob sua proteção, além de lhe dar uma ocupação.

O filme é belíssimo e talvez lhe arranque algumas lágrimas como aconteceu comigo. Assista com atenção e observe principalmente a atuação do coach.

Espero você no próximo capítulo para começar a trabalhar sua caminhada de palestrante. Até lá.

SEGUNDA PARTE
O Palestrante 5 Estrelas

"*Vencer não é competir com o outro.
É derrotar seus inimigos interiores.*"

Roberto Shinyashiki

SEGUNDA PARTE

O Pé Estropiado E Estrelas

CAPÍTULO 9

Como os adultos aprendem

Agora vamos começar a prepará-lo para ser palestrante. Antes de conhecer as técnicas, você precisa compreender como sua audiência funciona e o que gera maiores resultados. Adultos tem um jeito muito específico de aprender e se você quer ter sucesso com sua audiência precisa compreender isso.

E para abordar o tema educação, Malcolm Knowles é uma das principais influências no desenvolvimento da Teoria Humanista de aprendizagem. Distingue entre pedagogia e andragogia. A pedagogia é um modelo de suposições centrado no professor. A palavra deriva do grego e quer dizer a arte e a ciência de ensinar crianças. O modelo foi desenvolvido entre os séculos VII e XII nas escolas católicas europeias e posteriormente foi adotado pelas escolas leigas e pelas universidades (primeiro em Bolonha e Paris) durante suas implantações no século XII.

Duas das principais suposições do modelo pedagógico são: 1) o professor é o elemento motor do processo de ensino-aprendizagem e assume o papel de determinar as maneiras segundo as quais as pessoas aprendem; e 2) o aluno assume um papel dependente.

Estas suposições não são válidas para os adultos. Elas não consideram que, na maioria das situações, adultos não são aprendizes cativos e se a situação de aprendizagem e seus resultados não preenchem suas necessidades e interesses, eles simplesmente abandonam o espaço de aprendizagem (ou curso). Segundo Carl Rogers, "Os adultos não são obrigados a ficar lá: se a aula está desagradável, eles podem simplesmente parar de vir. Ao se ensinar adultos, o cliente e não o sujeito vem em primeiro lugar e está sempre com a razão (...)".

A insatisfação com o modelo pedagógico gerou concepções alternativas de como a aprendizagem de adultos em universidades deve ser organizada e facilitada. O modelo mais conhecido é a andragogia.

O conceito "andragogia" foi utilizado pela primeira vez por Lindeman (1927), para designar o "verdadeiro método para aprendizagem do adulto". Para o autor, o processo de aprendizagem do adulto era considerado como um "esforço em direção à automaestria". Considere-se aqui que o atingimento do estado de adulto é marcado por um crescente autoconhecimento e por uma disposição para fazer escolhas existenciais.

Um dos principais modelos baseados na andragogia é o proposto por Knowles (1980). Este modelo, ao invés de ser centrado no professor (como no modelo pedagógico), se centra no aluno que é considerado como um parceiro.

O modelo andragógico de Knowles está fundamentado em quatro suposições:

1. Adultos tendem a ser autodirigidos na medida em que amadurecem, embora eles possam ser dependentes em certas circunstâncias.
2. Adultos têm uma rica experiência que pode servir como um recurso para a aprendizagem. Adultos aprendem de forma mais eficiente através de técnicas experienciais de educação como discussão e resolução de problemas.
3. O interesse do adulto para a aprender é fortemente afetado pela necessidade de saber ou fazer alguma coisa ligado às necessidades de resolver problemas ou realizar tarefas que se apresentam na sua vida. Portanto, a educação do adulto deve ser orientada em torno das categorias que estão associadas a questões relacionadas com o seu dia a dia e não dirigidas para um tema ou assunto.

4. A orientação do adulto em relação à aprendizagem tende a mudar de centrada no assunto (no conteúdo) para uma centrada na performance. Isto significa que os adultos tendem a ser aprendizes baseados na competência na medida em que eles procuram aplicar seus novos conhecimentos ou ferramentas na resolução de problemas ou situações do dia-a-dia.

Dito isso, vamos elucidar como funciona a aprendizagem de adultos, começando por entender o que é aprendizagem:

"Aprendizagem é o processo por meio do qual as pessoas adquirem conhecimento, sensibilidade, ou domínio de habilidades através de experiência ou estudo". Houle (1980)

Ela está voltada para objetivos: se aprende alguma coisa. Envolve o alcance de algum padrão de realização. Implica em alguma forma de experiência interna no aprendiz.

As duas principais abordagens são: ABORDAGEM COGNITIVA e ABORDAGEM HUMANISTA.

Nossa linha de trabalho será a humanista que parte do pressuposto de que a pessoa é capaz de definir seus objetivos de crescimento e o processo de ensino-aprendizagem deve procurar despertar as forças positivas que existem dentro de cada um.

Isto quer dizer que vamos trabalhar com o ENSINO CENTRADO NO ALUNO que tem cinco pilares principais: Envolvimento Pessoal, Autoiniciação, Ensino Penetrante, Avaliação pelo Aluno e a Essência é o Significado.

Por envolvimento pessoal entenda que o palestrante ou instrutor não pode manter uma distância tão grande de sua audiência a ponto de não se importar com eles. Isso não gera empatia e dificulta a aprendizagem.

Autoiniciação significa o aluno buscar ir além do que aprendeu em sala de aula e isso será estimulado por você.

Ensino penetrante é aquele que faz sentido em todas as áreas de sua vida, que você vê aplicação prática e não se trata de simples verborreia.

Avaliação pelo aluno faz com que ele se comprometa com sua própria aprendizagem porque é ele que avaliará se está progredindo ou não.

E, finalmente, quando dizemos que a essência é o significado, nos referimos a focar a aprendizagem da verdadeira transformação que está gerando, e não na quantidade de conteúdo que foi repassada em sala de aula ou na palestra.

Vamos agora refletir sobre quais são os OBJETIVOS DA APRENDIZAGEM para a maioria dos alunos. São eles: Crescimento e desenvolvimento pessoais, Fatos e teorias, Ferramentas para solução de problemas e Ferramentas para comunicação.

Se o que o adulto aprende não tem utilidade para ele, não gera interesse e em pouco tempo ele desistirá de seguir adiante.

Lembre-se que ENSINAR é um processo externo, precisa de pelo menos duas pessoas envolvidas e requer ajuste entre as partes para funcionar. Já APRENDER é um Processo interno e Individual. No entanto, entre esses dois processos deve haver uma relação de PERPENDICULARIDADE, onde o ensino apoia o caminho de quem aprende.

Tudo isso nos leva ao seguinte questionamento: ENSINO GERA APRENDIZAGEM? Você pode concluir que a resposta pode ser "Sim" ou pode ser "Não", pois o poder não está apenas nas mãos do palestrante ou facilitador de grupos.

Partindo dessa premissa, qual o papel do Palestrante ou facilitador? Eu diria que ensinar consiste em uma tentativa de apoiar o processo de aprendizagem do aluno e o papel do palestrante ou facilitador é fazer isso da melhor forma possível para aumentar os casos de sucesso.

A seguir, vamos conversar sobre um hábito que infelizmente não é muito comum entre nós brasileiros e que faz toda diferença no processo de aprendizagem: a leitura.

A importância do ato de ler

Hoje quero conversar com você sobre um hábito que considero fundamental desenvolvermos se queremos que nossa audiência realmente aprenda e se desenvolva. Eu estou me referindo ao hábito de ler.

Felizmente, eu adoro ler e devo isso aos meus pais que desde antes de minha alfabetização me ensinaram que ler é divertido e prazeroso. Meu pai lia gibis da Mônica e do Cebolinha desde que eu tinha um aninho de idade; minha mãe me alfabetizou brincando de escolinha comigo.

Meus filhos desde pequenos preferiam ganhar livros de presente no lugar de brinquedos ou roupas.

Isto significa que o hábito de leitura é instalado pelo exemplo que você tem obrigação de dar a seus filhos.

Pessoas que leem muito expandem o vocabulário, aumentam a fluência verbal e a argúcia mental. Comunicam-se com mais facilidade e, portanto, usufruem das melhores oportunidades na vida.

Tem um filme chamado *Mãos Talentosas* que conta a verdadeira história de Ben Carson que é um exemplo fabuloso de como o hábito de ler pode transformar sua vida. Ben Carson (Cuba Gooding Jr.), menino pobre de Detroit, sempre levou uma vida desmotivada, já que tirava notas baixas e não tinha perspectivas de um grande futuro. O que ele e os que estavam ao redor não esperavam era que ele se tornaria um neurocirurgião de fama mundial, e o principal fator que permitiu essa transformação foi a atitude da mãe, que exigiu que seus filhos substituíssem horas na frente da TV pela leitura de bons livros.

Como palestrantes temos obrigação de ser exemplo. Adquira o hábito de ler no mínimo um livro por mês, embora sinceramente eu considere esse número muito pequeno para quem lida com transmissão de conhecimento o tempo todo. Estimule sua audiência e familiares a fazer o mesmo, pois esse é o maior legado que você pode deixar a eles.

Assista ao filme *Mãos Talentosas* para consolidar a aprendizagem que você acabou de ter.

As qualidades de um excelente palestrante

Segundo o modelo bidimensional de Lowman, os alunos são motivados por dois fatores: Estímulo intelectual; e "Rapport" interpessoal

Portanto, o bom palestrante deve dominar ferramentas que lhe permitam criar estas condições. Tais profissionais aumentam o potencial de aprendizagem da audiência, pois ampliam a sua dedicação, empenho e a vontade de trabalhar duro para alcançar resultados.

DIMENSÃO I: ESTÍMULO INTELECTUAL

As ferramentas para criar o estímulo intelectual têm dois componentes: (1) Clareza na apresentação; e (2) Impacto emocional estimulante do palestrante ou facilitador sobre a audiência.

Clareza na apresentação: está relacionado com "o que" é apresentado; ela não é nada sem precisão dos conteúdos. Bem, vamos partir do pressuposto que o bom palestrante domina seus conteúdos adequadamente; no entanto, só isso não é o suficiente para facilitar a aprendizagem de sua audiência. Conhecer o material bem é diferente de apresentá-lo de forma clara e compreensível.

Conhecimento é mais do que a acumulação de fatos isolados e números. Ele envolve uma compreensão profunda e a habilidade para comparar diferentes fatos e teorias e tratá-las a partir de diferentes pontos de vista. Conhecimento inclui a capacidade de analisar e integrar fatos, aplicá-los a novas situações, e avaliá-los de maneira crítica. Para o palestrante fazer um bom trabalho, ele deve estar apto a apresentar mais do que detalhes do tema em pauta e a maioria das pessoas que nos assistem sabem disto. As pessoas gostam de ter uma perspectiva geral do tema e de comparar e contrastar conceitos além de aprender fatos isolados. É claro que não vai ser possível grandes aprofundamentos do tema se você estiver realizando uma palestra de uma hora, mas a audiência percebe se o seu conhecimento é raso ou se de onde veio o conteúdo que você ofereceu você é capaz de trazer muito mais.

Para apresentar o material claramente, o palestrante deve abordar os fundamentos do tema, tratar as questões essenciais, trabalhar as suposições básicas e questões críticas. Ele deve ter humildade e resistir à tentação de fazer da palestra um palco para apresentação de seus "profundos saberes", demonstrando, com isto a ignorância dos alunos. O palestrante precisa estar apto a apresentar um tópico complexo de forma simples.

É pouco profissional, e um grande sinal de fraqueza, supor que um determinado assunto é muito complexo para ser compreendido por um participante de inteligência mediana em sua audiência. Bons comunicadores são capazes de explicar ideias complexas e estabelecer conexões entre elas de modo a ser compreensível para os não iniciados.

Impacto emocional: "Impacto emocional estimulante" resulta da maneira como o material é apresentado. A maioria das pessoas que recebe uma apresentação clara e consistente será capaz de corretamente definir, ilustrar, comparar e contrastar conceitos. Entretanto, compreender o material não é a mesma coisa que ficar intelectualmente excitado com um tema e, por exemplo, ficar tão engajado na aula a ponto de não se deixar interromper por distrações. Para ter este impacto na audiência, o palestrante deve fazer bem mais do que "apenas" apresentar os temas de forma clara. Em outras palavras, para ter máxima eficiência nesta primeira dimensão (estímulo intelectual), clareza é importante, mas não é suficiente. Ela deve ser acompanhada pela habilidade de falar perante o grupo.

A sala de aula ou o palco é uma arena dramática na qual o palestrante é o ponto focal. Dar aula ou palestras é uma arte. Para manter a atenção da audiência, o palestrante necessita apresentar o material de forma clara, mas ele também tem de usar sua voz, gestos e movimentos para conseguir e manter a atenção e para estimular a emoção da plateia. Como os bons atores, os bons palestrantes devem ter um forte senso de presença e serem um centro de energia. A capacidade de despertar emoções positivas na audiência é o que distingue os bons palestrantes.

DIMENSÃO II: "RAPPORT" INTERPESSOAL

Para os palestrantes pouco experientes e despreparados, a sala de aula ou o palco é um espaço estritamente intelectual e racional. As pessoas que pensam assim, normalmente são maus palestrantes.

Na realidade, a sala de aula ou o palco é uma arena interpessoal, carregada de emoções, na qual ocorre grande número de fenômenos psicológicos. Por exemplo, a motivação que a audiência traz para a palestra vai ser reduzida se ela sentir que o palestrante está ali de má vontade ou que procura controlá-los de forma autoritária. Todas as pessoas são sensíveis ao ambiente emocional e algumas são particularmente vulneráveis.

Os palestrantes também são sensíveis ao que ocorre em sala de aula ou no palco. Muitos eventos podem interferir no seu prazer de dar palestras ou diminuir sua motivação para ensinar bem. A maioria dos palestrantes (como seres humanos) tem necessidades de realização e sucesso.

Do ponto de vista da Psicologia, a audiência numa palestra se comporta como outros grupos. Os estudos sobre comportamento dos grupos demonstraram que pessoas em quase todos os tipos de grupos mostram reações previsíveis nas suas relações com os outros. Questões como liderança e afeição estão sempre presentes.

As aulas ou palestras são, portanto, arenas interpessoais complexas nas quais uma variedade de reações emocionais pode influenciar em como a audiência se sente e no quanto ela aprende. A dimensão "Rapport interpessoal" se refere ao conhecimento que o palestrante tem deste fenômeno interpessoal e com a sua habilidade de se comunicar com a audiência de maneira a aumentar a motivação e o prazer da aprendizagem independente. Para isso, existem duas maneiras básicas: a primeira consiste em (1) evitar emoções negativas, como ansiedade excessiva e raiva do palestrante. A segunda é (2) promover as emoções positivas, como o sentimento de que o palestrante respeita as pessoas como indivíduos e os considera capazes de obter bons resultados.

Lembro-me como se fosse hoje de um palestrante famoso, que não vou citar o nome porque não seria ético, que iniciou sua palestra para 600 alunos e profissionais da Administração querendo chocar a audiência dizendo que a profissão deles estava obsoleta, que iria desaparecer e que era totalmente inútil dedicar-se a ela. A intenção era mexer com as pessoas e aí fundamentar o que está mudando o no mundo e como o administrador pode se encaixar nesse novo cenário.

Acontece que as pessoas se revoltaram. Uns 20% saíram da palestra e ficaram tomando café fora da sala esperando o próximo palestrante; outra parte parou de ouvir e começou a mexer no celular e outros ainda ficaram com cara de poucos amigos sem se conectar com o conteúdo. Conclusão: fracasso geral exatamente porque o palestrante não só evitou emoções negativas como as provocou.

Agora vou te mostrar a teoria de desenvolvimento de grupo para que você compreenda como funciona a dinâmica das relações grupais e possa utilizar essa informação para favorecer o processo de aprendizagem de sua audiência. Vem comigo.

Teoria de desenvolvimento de grupo

Se você sabe como os grupos funcionam terá mais facilidade em alcançar os resultados de aprendizagem que almeja.

Existem três dimensões no processo de desenvolvimento dos grupos: inclusão, controle e afeição – nesta ordem. Problemas de inclusão, como a decisão de permanecer dentro ou fora do grupo, ocorrem em primeiro lugar, seguidos por questões de controle (acima ou abaixo) e finalmente pelas opções afetivas (intimidade ou distância).

Esta ordem, logicamente, não é rígida, mas parece-nos que a natureza da vida em grupo é tal que as pessoas tendem, primeiro, a determinar se querem pertencer a um grupo; segundo, tendem a descobrir qual o grau de influência que exercerão; e terceiro, tendem a decidir qual o grau de intimidade que manterão com os outros membros. Mais tarde, ao longo de cada uma destas fases, os membros do grupo parecerão concentrar-se mais em suas relações com o líder e, depois, ocupar-se do relacionamento entre si.

Então vamos entender a **FASE DE INCLUSÃO**.

Ela começa com a formação do grupo. Como membro de um novo grupo, em primeiro lugar, você procura descobrir onde se enquadra. Isto implica estar "dentro ou fora do grupo", firmar-se nele como um indivíduo específico e verificar se tem a afeição do grupo ou será deixado para trás e ignorado.

Quando experimenta ansiedade a respeito deste assunto, você tende a mostrar um comportamento individual centrado em si mesmo, como falar em excesso, retrair-se ao extremo, exibir-se, discorrer sobre seus dados biográficos e sobre experiências anteriores. Ao mesmo tempo, você demonstra interesse pelo problema básico de seu comprometimento com o grupo.

Você está implicitamente decidindo até que ponto se tornará membro do grupo, quanto de seus investimentos irá retirar de outros compromissos para aplicar a esta nova relação. Você se pergunta: "Quanto de mim mesmo dedicarei a este grupo? Que importância terei neste ambiente? Eles apreciarão o que sou e o que eu posso oferecer? Ou serei mais um entre muitos? Fundamentalmente, você está decidindo quanto contato real, interação e comunicação pretende ter.

Seus interesses principais durante este processo de formação grupal são questões de limite relativas a ultrapassar ou não os limites do grupo, bem como a pertencer-lhe.

Uma vez membro do grupo, você fica sabendo quem se entrosa bem com você, que vê as coisas como você as vê, qual é o nível de seu conhecimento comparado ao dos outros e como pretende reagir em relação ao líder do grupo.

Você também forma uma boa ideia do tipo de papel que pretende desempenhar no grupo.

E como é a **INCLUSÃO em relação ao LIDER?**

Enquanto a atividade de grupo se encontra na fase de inclusão, seu interesse de membro pelo compromisso do líder é maior que seu interesse pelos compromissos dos outros membros. Você observa com o maior cuidado o evidente interesse do palestrante no processo de aprendizagem do grupo, o preparo para as aulas e até a pontualidade dele. Se o palestrante fica inseguro a audiência se ressente: "Se ele não se importa, por que deveria importar-me?"

A audiência também avalia se o interesse e comprometimento com o grupo é total, pois esta é uma das medidas de sua própria segurança. Uma falta de interesse da parte do palestrante significa, para a audiência, um perigo e a necessidade de autoproteção. É por isso que se diz que os líderes (e palestrantes são líderes) convencem pelo exemplo, e não pelo discurso.

INCLUSÃO DE MEMBRO

Depois de chegar a uma conclusão, não necessariamente final, sobre a inclusão do líder, o interesse da audiência volta-se para o grau de comprometimento dos outros membros do grupo. Sua atenção volta-se, particularmente, para as ausências de outros membros, seus atrasos, seu empenho em participar e a importância que cada membro atribui a atividades extras ao grupo em detrimento dele. Você repara nos membros silenciosos e retraídos e naqueles que vieram, claramente, só para observar.

É claro que este movimento é muito superficial e difícil de identificar durante uma palestra que é muito curta e as pessoas pouco interagem. Mas quando você estiver ministrando cursos ou aulas de maior duração, vai identificar esse fenômeno claramente.

Vamos então agora para a **FASE DO CONTROLE**.

Uma vez alcançado, de certa forma, o senso de estarem juntos, questões de controle passam a predominar: tomar decisões, compartilhar responsabilidades e distribuir poderes. Neste estágio, o comportamento característico do grupo inclui luta pela liderança, competição e discussões sobre procedimentos, sobre tomada de decisões e sobre responsabilidade.

Como membro do grupo, suas ansiedades primárias neste momento referem-se a assumir responsabilidade mínima ou excessiva, e em exercer muita ou pouca influência. Você procura situar-se no grupo de modo a obter a soma de poder e de dependência que mais lhe convenha.

E como é o **CONTROLE em relação ao LIDER?**

Durante a fase de controle, seu interesse inicial concentra-se no relacionamento com o líder, no nosso caso o palestrante. A luta da audiência é com ele, com respeito a poder, influência, orientação e estrutura. Esta luta caracteriza-se pelo desejo, seja de arrancar o poder das mãos do palestrante, ou, ao contrário, seja de lhe fazer assumir toda a responsabilidade pelas atividades e decisões do grupo, isto é, o facilitador ou palestrante terá de dizer-lhe o que fazer.

É uma total ambivalência de autoridade. Neste estágio, a hostilidade do grupo em relação ao facilitador ou palestrante manifesta-se pela sua tentativa de sobrepujar o líder ou de lhe fazer calar, principalmente se ele demonstrar insegurança ou falta de habilidade.

CONTROLE DE MEMBRO

Depois de resolver satisfatoriamente seus problemas de controle com o palestrante ou líder, o participante volta sua atenção para seus sentimentos de competição com os outros membros. Ele se coloca numa luta fraterna para obter a aprovação do líder e para garantir uma relação especial com ele. Há uma disputa para controlar o grupo, para liderar informalmente os outros membros. Começam a acontecer jogos de poder. No fundo, o grupo torce para que ninguém tome o lugar do líder, que já foi testado e aceito.

A seguir, entramos na **fase de AFEIÇÃO**.

Resolvidas algumas destas questões de controle, problemas de afeição passam ao primeiro plano. Indivíduos associaram-se para formar um grupo; diferenciaram-se quanto à responsabilidade e ao poder; agora exploram a questão de se integrarem emocionalmente. Neste estágio notam-se comportamentos afetivos, como a expressão de sentimentos positivos, a hostilidade pessoal direta, ciúmes, formação de pares e, em geral, emoções e sentimentos intensificados entre os pares.

Como membros do grupo, seus medos concentram-se em não serem aceitos, em não serem suficientemente íntimos das pessoas ou serem íntimo demais. Os participantes lutam para obter o máximo no intercâmbio afetivo e o melhor posicionamento em dar e receber afeição. À semelhança dos porcos-espinhos de Schopenhauer, eles aproximam-se o suficiente para receber o calor do carinho, mas, ao mesmo tempo, permanecem distantes para evitar a dor dos espinhos agudos.

AFEIÇÃO DE LÍDER

Como ocorre nas fases de inclusão e de controle, os primeiros problemas afetivos giram em torno do líder do grupo, facilitador ou palestrante. As grandes perguntas internas dos participantes são: você gosta de mim? Gosto de você? Ao chegar a esta fase, os membros já estabeleceram várias formas de apegos pessoais entre si e com o líder. Agora, predominam os problemas de ciúme, amor não correspondido, intercâmbio afetivo e atração sexual. Todos se envolvem numa atmosfera mais calorosa e íntima, e cada uma das concessões, caretas e movimentos do líder se sujeitam a interpretações pessoais.

AFEIÇÃO DE MEMBRO

Sentimentos que os membros do grupo experimentam uns pelos outros dominam a interação durante esta fase. Relações formadas no grupo começam a frutificar e a atmosfera afetiva entre os pares amplia-se, experimentam-se sentimentos ternos para com todos os demais.

Não significa que todos gostam de todos. Mas os sentimentos com cada membro do grupo são mais profundos e os integrantes sentem que podem comunicar-se com cada um mais adequadamente do que podiam no início do grupo.

Sempre que pessoas se reúnem em grupos, inclusive em grupos de dois elementos, as mesmas três áreas de problemas interpessoais se apresentam na mesma sequência.

SEPARAÇÃO

À medida que os grupos chegam ao fim, eles tendem a dissolver suas relações em sequência inversa, isto é, afeição, controle e inclusão. Grupos ou relações que estão prestes a terminar, ou que marcantemente reduzem sua interação, apresentam comportamentos bastante característicos: aumentam os atrasos e as ausências; há mais devaneios; os membros esquecem-se de trazer os materiais para o grupo; são frequentes as discussões sobre morte e doença; diminui a importância e a qualidade do grupo; há decréscimo no envolvimento geral; surgem, repetidamente, lembranças de experiências anteriores.

Os membros de um grupo em extinção querem discutir com o grupo acontecimentos que não foram completamente trabalhados no momento em que ocorreram para que suas relações se dissolvam com bons resultados. Quando sentem que seus atos em reuniões anteriores foram mal interpretados, voltarão ao assunto e explicarão o que realmente pretendiam, para que ninguém se afaste zangado.

Às vezes, participantes querem comunicar a outros membros que os comentários por eles tecidos foram importantes e fizeram-no sentir-se melhor. E assim por diante, todos os incidentes não resolvidos continuam sendo retrabalhados. Depois que os membros do grupo completam este processo de resolver incidentes, eles se sentem mais capazes de aceitar a separação.

No processo de dissolução do grupo, abordam-se em primeiro lugar os sentimentos pessoais positivos e negativos (afeição). A seguir, a discussão gira em torno do líder e dos motivos de submissão, ou de rebeldia, aos seus desejos (controle). Mais tarde surgem as discussões sobre a possível continuidade do grupo e sobre o grau de comprometimento real de cada membro durante as reuniões; e, por fim, sobre o fato de que todos irão ingressar em grupos diferentes e não mais farão parte do atual (inclusão).

Fantasiar uma reunião futura é uma técnica comum de grupo. Eles elaboram planos para voltarem a reunir-se dentro de um mês, seis meses ou um ano; um papel circula para colher nomes e endereços, e alguém se oferece para reproduzir a lista e enviá-la a todos. A futura reunião quase nunca ocorre, mas a preparação para ela facilita a separação atual.

Quem nos apresenta estas três fases é Will Carl Schutz em sua teoria das Necessidades Interpessoais no contexto educacional. Schutz foi professor da Universidade de Harvard e desenvolveu a teoria das Necessidades Interpessoais na década de 1950, na qual defendia a ideia de que a aprendizagem ocorreria melhor a partir do momento que os indivíduos se relacionassem mais positivamente dentro do contexto de cada novo grupo e novo ambiente de estudo, e que esta interação seria favorecida através de atividades em grupo motivadas pelo facilitador como centro orientador e participativo.

Conhecendo esses mecanismos de funcionamento de grupo você estará mais preparado para lidar com eles e saber utilizar cada uma das etapas a seu favor.

Por exemplo: se você estiver ministrando um curso de três dias e sabe que o grupo precisa passar pela inclusão, você pode trazer dinâmicas de grupo que favoreçam isso. No segundo dia, coloque foco em exercícios que o grupo possa competir e medir forças e no terceiro dia dê espaço para a afetividade se manifestar nos exercícios propostos.

Assim concluímos o Capítulo 9.

E se você pensa que escapou das tarefas de casa, está muito enganado.

84 - COACH PALESTRANTE

TAREFA COMPLEMENTAR ❶ Sua missão agora é fazer um brainstorming e listar possíveis temas de palestras que você poderia criar e ministrar. Liste no mínimo dez temas. Também faça uma lista de possíveis locais onde você poderia oferecer gratuitamente essas palestras, sendo no mínimo cinco locais. Preencha isso no Formulário de Possibilidades e Oportunidades (ANEXO 15).

TAREFA COMPLEMENTAR ❷ Além disso, você vai assistir ao filme *O Espelho Tem Duas Faces*, procurando observar a aula da professora de literatura, vivida por Barbra Streisand, e de que forma ela se utiliza do estímulo intelectual e do rapport interpessoal.

Nos encontramos no próximo capítulo. Até lá.

CAPÍTULO 10

Técnicas de liderança de reuniões

É muito comum que o Coach Palestrante precise realizar reuniões tanto com sua equipe de trabalho, quanto com os fornecedores e clientes.

A necessidade cada vez maior de desenvolver o trabalho em equipes requer que seja feita uma reavaliação da nossa competência em liderar reuniões, com o objetivo de torná-las mais produtivas e com resultados cada vez melhores. Reuniões, quando bem planejadas e desenvolvidas, com técnicas e atividades adequadas, serão, certamente, um excelente instrumento de aprendizagem.

Então eu vou te apresentar alguns pontos essenciais para o aperfeiçoamento em condução de reuniões específicas de treinamento.

É nela que o líder informa e explica as inovações ou modificações nos procedimentos de trabalho. Provoca debate para troca de experiência e esclarecimento de dúvidas, facilitando a incorporação das mudanças.

Situações em que é útil

a) Para explicar e discutir as instruções de novos procedimentos em determinadas áreas de trabalho.

b) Para fazer o grupo entender a fundo os serviços e tarefas por ele executadas.

c) Para discutir ou refletir sobre conteúdos que possibilitem o desenvolvimento da equipe.

d) Para negociar contratações com o cliente e entender suas reais necessidades.

Procedimentos para a condução de uma reunião produtiva:
- Determine apenas um objetivo por reunião. Um dos erros mais comuns em reuniões é tratar de vários assuntos que não possuem uma conexão lógica.
- Prepare todo material necessário como artigos, questionários, quadros, textos etc.
- Convide apenas quem interessa.
- Possibilite a troca de experiências sobre o assunto.
- Delegue tarefas.
- Marque data para que cada participante preste contas das responsabilidades que assumiu a partir da reunião.
- Evidencie os resultados de cada reunião.

E veja quais são as vantagens da atulização de reuniões produtivas:

a) Permitir que a comunicação seja eficiente e segura a respeito de inovações ou modificações no trabalho, assegurando a sua execução correta.

b) Possibilitar a troca de experiências, facilitando a compreensão mais rápida das normas e de novas formas de executar tarefas.

c) Dar oportunidade para o esclarecimento de dúvidas, garantindo uma interpretação correta das instruções.

d) Propiciar a reflexão em grupo, facilitando o crescimento da equipe.

e) Aumentar a efetividade do produto que será entregue ao cliente, uma vez que na reunião se compreendeu exatamente qual é a sua demanda e necessidade.

E agora nós vamos começar a preparar sua atuação como palestrante e instrutor de treinamentos.

Preparando sua atuação

Agora eu vou te apresentar cada um dos aspectos que você precisa trabalhar para dar uma aula ou palestra de sucesso.

1. CONHECIMENTO DA REALIDADE

O estabelecimento de uma programação de trabalho requer um levantamento e análise das dimensões mais significativas da realidade: o aluno, o facilitador ou palestrante e o meio. Trata-se da sondagem do ambiente, a fim de se construir um planejamento realista e factível.

2. DEFINIÇÃO DE OBJETIVOS

A formulação correta dos objetivos é um passo fundamental no planejamento, pois eles serão o ponto de referência de todas as demais decisões. O objetivo pode ser compreendido como uma descrição clara da modificação que se deseja provocar na realidade, identificada na etapa anterior. Ele será tanto mais útil para o seu planejamento quanto mais ele for:

- Claro para você e para os participantes.
- Significativo, trazendo reais melhorias caso seja atingido;
- Realista, possível de ser atingido com os recursos de que você dispõe.
- Flexível, para ser adaptado a mudanças de cenário que possam ocorrer.

Ao formular o objetivo, você deve dar atenção especial ao verbo que indica o comportamento que você espera conseguir no final da reunião, como, por exemplo: capacitar os participantes a elaborarem um plano de ação semanal para o seu setor. Este é um objetivo específico e bem definido: a partir dele é bem mais fácil definir todas as etapas seguintes de seu planejamento, executá-lo com foco bem direcionado e, ao final, você poderá avaliar com precisão se atingiu ou não sua meta.

3. SELEÇÃO E ORGANIZAÇÃO DOS CONTEÚDOS

Nesta etapa você define os assuntos de que tratará no treinamento ou palestra. É importante lembrar que os conteúdos são um meio para atingir o objetivo, e não um fim em si mesmo. A importância de um assunto deve ser sempre avaliada em função do quanto ele nos aproxima ou não do objetivo. Ter isso em mente nos ajuda a planejar treinamentos mais focados e produtivos, diminuindo o risco de dispersão e apatia dos participantes. Definidos os assuntos, é preciso organizá-los em uma sequência que deve atender aos seguintes critérios:

- Lógica: Os diversos assuntos devem ter coerência entre si e com os objetivos da reunião;
- Gradualidade: Os assuntos devem ser ordenados por ordem de complexidade, do mais simples ao mais complexo.

4. SELEÇÃO E ORGANIZAÇÃO DOS PROCEDIMENTOS DE ENSINO OU METODOLOGIA

Métodos e técnicas são as diversas formas possíveis de colocar os participantes em contato com as informações que necessitam assimilar. Para definir quais os métodos mais adequados, novamente temos que nos reportar ao conhecimento da realidade e ao objetivo definido.

Para a escolha de métodos e técnicas mais eficazes, a informação sobre a capacidade de memorização das pessoas é bastante relevante. Pesquisas indicam que as pessoas em geral retêm:

10% do que leem, 20% do que escutam, 30% do que veem, 50% do que veem e escutam, 70% do que ouvem e logo discutem, 90% do que ouvem e logo realizam.

Portanto, ao escolher um método ou técnica, devemos buscar o contato mais direto possível do participante com as informações que necessita aprender. Métodos que possibilitem a participação ativa do treinando são também muito mais eficazes do que os meramente expositivos.

Conhecer uma grande variedade de métodos e técnicas é importante porque dá ao palestrante um leque de opções para atender às necessidades de cada momento, evita a monotonia e a consequente perda de interesse dos participantes.

Um aspecto importante na definição de uma metodologia é considerar que cada pessoa tem um canal preferencial de comunicação, ou seja, todos nós usamos um filtro predominante para ver o mundo.

Segundo a Programação Neolinguística, existem três canais de comunicação. Uma pessoa que se liga ao mundo por imagens possui um filtro visual; outra que se liga ao mundo por sons e palavras tem um filtro auditivo; e a terceira, que se liga ao mundo por sensações físicas, com um filtro cinestésico. Você aprenderá mais sobre isso no Capítulo 12.

5. SELEÇÃO DE RECURSOS

Os recursos didáticos auxiliam e complementam a tarefa do palestrante de facilitar a aprendizagem. São recursos que:

- Despertam a atenção e o interesse.
- Concretizam e ilustram o que já está sendo exposto verbalmente.
- Sistematizam e ordenam conceitos.
- Favorecem a fixação da aprendizagem.

Os recursos mais comumente disponíveis são o flip-chart, DVD, o projetor multimídia (data show), caixas de som, entre outros.

6. SELEÇÃO DE PROCEDIMENTOS DE AVALIAÇÃO

Se considerarmos que a avaliação está em íntima conexão com os objetivos norteadores da ação educativa, é indispensável a coleta de dados relativos ao progresso alcançado pela audiência por meio do processo ensino-aprendizagem.

Agora eu vou te ensinar como estruturar um plano de ensino. Vem comigo.

Estruturação do plano de ensino

Cumpridos todos estes passos que te ensinei, você vai agora dar uma forma final ao seu planejamento. Elabore o roteiro:

- Planeje a reunião em três etapas: abertura, desenvolvimento e fechamento.
- Organize os conteúdos, respeitando a lógica e a gradualidade e priorize os mais importantes, para o caso de não ser possível esgotar todos os pontos.
- Estime o tempo para cada tópico.
- Programe intervalos de 10/15 minutos no máximo a cada duas horas, para que os participantes se levantem, saiam da sala, tomem café e resolvam quaisquer assuntos pendentes. Esses intervalos são muito importantes para manter o rendimento da aprendizagem e a produtividade do grupo.
- Faça um resumo por escrito para sua consulta e orientação.
- Elabore e envie aos participantes, com antecedência, a agenda do treinamento ou apresente-a logo no início do curso.
- Organize os recursos: Prepare adequadamente o local da aula ou palestra para que todos possam se sentir à vontade: disposição das cadeiras, iluminação, ventilação, privacidade.

A disposição das cadeiras, sempre que possível, deve ser em forma de "U", pois favorece a interação entre o grupo, uma vez que as pessoas podem olhar nos rostos, umas das outras.

Providencie o material necessário: blocos, canetas, flip-chart, cópias de textos.

Tudo pronto agora é a hora do show. Vamos colocar o Plano em Ação.

PLANO EM AÇÃO

Se não devemos considerar a aprendizagem como um processo imutável, fixo e engessado, tampouco deve ser assim o ensino. Sendo assim, o plano em ação deve ser passível de reajustamentos, com limites amplos para adaptações indispensáveis. Isso oportuniza à audiência um progressivo enriquecimento do seu saber e da sua experiência.

Basicamente, no entanto, o Plano em Ação obedecerá a seguinte estrutura:

ABERTURA

- A finalidade da abertura é estabelecer desde o começo uma relação aberta, um clima amigável e o envolvimento de todos com o objetivo.
- Apresente-se e cumprimente os participantes, valorizando sua presença.
- Coloque-os à vontade, se preciso com assuntos informais.
- Propicie a apresentação dos participantes do grupo que não se conheçam.
- Apresente o objetivo e a agenda da reunião, mesmo que o grupo já tenha conhecimento prévio deles.
- Proponha e contrate com o grupo a metodologia de funcionamento geral da reunião ou treinamento.
- Inicie o desenvolvimento quando o grupo estiver aquecido e mobilizado para entrar nos tópicos.

DESENVOLVIMENTO

- Este é o "corpo" da reunião ou treinamento, o momento em que você abordará os temas previstos para atingir os objetivos propostos.
- Apresente cada tópico como o planejado, colocando de forma breve o objetivo específico de cada um e esclarecendo, se necessário, a sua metodologia.

- Ao concluir cada tópico, certifique-se da compreensão do grupo, questionando-o. Faça os ajustes que considerar necessários.

FECHAMENTO

- É a fase em que os resultados da reunião ou treinamento são consolidados.
- Faça um resumo das principais ideias discutidas e apresente um resultado conclusivo.
- Verifique a compreensão e aceitação do grupo.
- Feche um plano de ação, se necessário.
- Esclareça e especifique o que cabe a cada um para o cumprimento da ação decidida.
- Se for o caso, acerte a data da próxima reunião ou da próxima aula sobre o assunto.

Lembre-se também da avaliação e acompanhamento da turma através do feedback

AVALIAÇÃO E ACOMPANHAMENTO - FEEDBACK

Esta fase é fundamental para o atingimento dos objetivos de seu treinamento, bem como para o aperfeiçoamento de eventos futuros e para o desenvolvimento das habilidades do palestrante. Apenas didaticamente esta fase é apresentada depois da execução. Na prática, ela se inicia ao mesmo tempo, pois a todo momento estamos avaliando o planejamento e redirecionando-o, se necessário.

A avaliação se dá de forma contínua através da observação da audiência. Pode também ter momentos específicos para sua realização, através da solicitação de feedback (verbal ou por escrito) aos alunos ou da aplicação de um teste.

E, finalmente, quem busca melhoria contínua precisa prever o momento de replanejamento.

REPLANEJAMENTO

Este é o momento em que se dá a melhoria contínua no processo de conduzir treinamentos. Novamente, a identificação de uma etapa de replanejamento é um mero recurso didático, pois, na verdade, o que ocorre é o início de um novo ciclo, no qual tudo o que você aprendeu na condução do processo irá enriquecer o seu conhecimento da realidade e determinar escolhas mais precisas no novo ciclo.

Vamos ver agora quais são as funções básicas de um líder de reuniões.

Funções básicas de um líder de reuniões

Seja num treinamento, palestra ou qualquer outro tipo de evento cujo foco é a aprendizagem, você estará atuando como líder de reuniões. Veja então quais são os principais papéis que um facilitador de reuniões deve exercer:

- **Administração do tempo:** inicia e encerra a reunião na hora marcada.
- **Capacidade de análise:** analisa fatos, situações ou problemas com rapidez e correção.
- **Imparcialidade:** mantém uma posição neutra em situações de polarização de ideias.
- **Firmeza e delicadeza:** mantém a imparcialidade com firmeza, porém sem criar situações incontornáveis e tomar posições irreconciliáveis.
- **Estímulo à discussão:** promove e estimula a discussão, solicitando e fornecendo informações, convicções e opiniões.
- **Manutenção de rumo:** evita que o debate se dirija para o campo pessoal, mantendo, com seu entusiasmo e experiência, a reunião focalizada nos problemas e voltada para os objetivos traçados.

- **Encorajamento à tomada de decisão:** resume conclusões já alcançadas e confere com o grupo decisões a serem tomadas em face dessas conclusões.
- **Avaliação de resultados:** mede resultados obtidos, progressos alcançados e oferece projeções para o futuro com base nesses resultados.
- **Auxílio à expressão de ideias:** encoraja os participantes mais retraídos ou com dificuldades de verbalização a se expressarem e exporem suas ideias, sendo paciente, claro e objetivo.
- **Harmonização:** reduz a tensão, apoia a reconciliação quando existem discordâncias; não permite que discussões acaloradas turvem o clima da reunião, valorizando o diálogo e a elucidação dos fatos.
- **Criação e manutenção do clima:** evita a degeneração da discussão; consegue a participação e envolvimento de todos; desanuvia o clima tenso quando este ocorre; usa o humor, o tato e a serenidade; coloca cada participante à vontade, compreendendo seus sentimentos, temores e dúvidas.
- **Avaliação:** reporta progressos obtidos; estimula o prosseguimento do trabalho até o seu final; apresenta os resultados obtidos através das contribuições de cada um do grupo.

Lembre-se que no papel de palestrante, principalmente quando se tratar de pequenos grupos onde você atua muito mais como instrutor do que como líder de palco, todos esses papéis devem ser exercidos por você.

Talvez esteja parecendo muita coisa para uma pessoa só, mas fique tranquilo, pois a prática vai auxiliá-lo a dar conta de todos esses desafios. É como aprender a dirigir; no início parece muito complexo três pedais e você tem apenas duas pernas, mas com o tempo chega a ficar automático e a ação simplesmente flui.

A seguir, vou te ensinar como conduzir grupos com os mais variados perfis.

Sugestões para condução de grupos

A postura individual frente ao grupo, aliada ao conhecimento de algumas técnicas complementares, é muito útil para o facilitador, ajudando-o no seu desempenho.

Observe as sugestões a seguir na condução de uma reunião:

- Seja discreto ao se vestir, evitando que sua roupa mereça mais atenção do que o que você está dizendo.
- Ao entrar na sala, cumprimente as pessoas. Aprenda seus nomes e procure não as confundir.
- Chame as pessoas pelo nome. Isso é sinal de respeito e cortesia.
- O condutor da reunião deve estar de pé e atento à sua movimentação, pois ela dinamiza a reunião e evita a monotonia. Por isso, procure movimentar-se no espaço disponível, evitando ficar parado por longo tempo no mesmo local.
- Faça contato visual com todos os membros do grupo, se possível, sorrindo. Evite desviar o olhar sistematicamente para o alto ou para baixo.
- Procure dar atenção a todas as pessoas; cuidado para não ficar voltado apenas para um dos lados do grupo. Evite olhar fixo sobre a mesma pessoa, isso, geralmente, constrange.
- Evite sair da arena ou distrair-se com alguma tarefa enquanto as pessoas discutem o assunto. Encerre a discussão, estabelecendo ligações entre as contribuições pessoais, concluindo de forma participativa.
- Mantenha uma postura harmoniosa e evite gestos exagerados. Fale com energia e entusiasmo, num tom e volume de voz que sejam suficientes para que todos ouçam o que você fala.
- Evite interromper opiniões e perguntas achando que já compreendeu o que a pessoa pretende expressar. Espere que ela conclua e só então comece a responder.

- Ao fazer perguntas, lance-a ao grupo todo. Evite direcioná-la para alguém em particular. A pessoa pode estar distraída ou simplesmente não saber a resposta. No caso de perguntas polêmicas, devolva-as para o grupo: "O que vocês acham?"
- Perceba as pessoas que estiverem pedindo a palavra. Se alguém estiver falando, tranquilize-a com um gesto de que ela poderá falar tão logo o primeiro termine. E o mais importante: não esqueça de voltar a esse participante e lhe ceder à palavra.
- Fique atento à comunicação não verbal das pessoas. Saiba ser esportivo. Aceite alguma brincadeira e ria junto.
- Evite iniciar uma resposta usando "não".
- Demonstre convicção naquilo que fala. Esteja preparado no conteúdo muito mais do que realmente é necessário.
- Em caso de conversa paralela, evite expor os conversadores. Se for possível, aproxime-se discretamente das pessoas. Ou então, peça, de forma interessada, que eles compartilhem com o restante dos participantes.
- Evite mãos permanentemente cruzadas sobre a barriga, nos bolsos, braços cruzados, mãos para trás.
- Evite contar piadas em demasia. Cuidado com piadas depreciativas sobre credo, orientação sexual etc. Além de soar desrespeitoso, é humilhante e pode abalar a confiança do grupo.
- Mantenha sua neutralidade nas questões delicadas. Evite o ímpeto de expressar sua opinião pessoal. Se for preciso, faça-o de forma elegante e respeitosa.
- Evite o uso de palavras de baixo calão, gestos obscenos ou expressões chulas. Isto geralmente denota falta de educação e polidez no trato com as pessoas.
- Esteja preparado psicologicamente para lidar com a espontaneidade do grupo: é comum ocorrerem manifestações inesperadas por parte de alguns participantes. Assuma a surpresa, mas mantenha sua firmeza na condução do grupo.

- Evite trazer exemplos que possam causar polêmicas ou desviar a atenção do tema que está sendo tratado, como, por exemplo: futebol, religião, política etc.
- Valorize as participações das pessoas de forma equilibrada e equânime, ou seja, não valorize demais a contribuição de um participante em detrimento de outro.
- Se a contribuição de algum participante estiver totalmente errada, evite ressaltar seu equivoco diante dos demais. Tente, a partir do comentário feito, sobrepor o correto.
- Evite expressões professorais como "estou aqui para ensinar...", "vou passar um conhecimento sobre..." ou similares.
- Cuidado com o uso de expressões que possam evidenciar insegurança ou falta de conteúdo como "tentarei explicar", "isso seria mais ou menos assim", "eu acho que".
- Evite arrastar os pés. Além de demonstrar cansaço ou descaso, pode irritar as pessoas auditivas.
- Nunca diga que não teve tempo para preparar o material da turma ou que o material não é de boa qualidade. Essa franqueza, além de desqualificar o seu trabalho, pode evidenciar desconsideração com os presentes.
- Evite expressões que possam demonstrar algum tipo de descontentamento seu por estar ali.
- Aos atrasados, procure situá-los sobre o que você está abordando. Evite comentários ou expressões de desagrado. Nunca se sabe o motivo do atraso.
- Não fomente o uso de qualquer exposição ao participante atrasado. Se houver alguma sugestão do grupo neste sentido, mantenha-se neutro. E mesmo que a brincadeira seja instituída, evite participar; limite-se a sorrir.
- Teste todos os equipamentos com antecedência.
- Cuidado com os vícios de linguagem como *né, tá, ham-ham* e similares ou com o uso de expressões viciosas como "tipo assim", "a nível de", "vou estar fazendo", "então assim" etc.

- Desenvolva a habilidade de ouvir. Tenha empatia. Ao ouvir, faça contato visual, faça perguntas abertas, repita palavras-chave, resuma e envolva as pessoas. O mau ouvinte geralmente é distraído, interrompe e não dá tempo para seu interlocutor pensar.
- Seja organizado no tempo. Se precisar consultar o relógio, faço-o de forma discreta. Se for extrapolar o tempo de aula, sinalize para a turma o quanto você irá se estender. As pessoas têm o direito de saber se podem ou não permanecer até o final. E seja qual for o tempo extra que você combinar, cumpra-o. É de extrema deselegância você se permitir outra expansão de horário.
- No término da atividade de treinamento, mostre-se gratificado pela experiência. Mantenha seu entusiasmo até a saída do último participante. Termine agradecendo a participação das pessoas, use palavras positivas, de fé e de aposta num futuro promissor.

Estas foram algumas orientações gerais. Agora vou te apresentar algumas situações específicas que podem aparecer em sala de aula e a sugestão de como lidar com cada uma delas.

Comportamentos do grupo e sugestões para lidar com eles

O palestrante deve estar atento ao grupo, verificando seu envolvimento com o assunto que está sendo tratado.

Ao identificar situações que dificultem a consecução do objetivo da reunião ou treinamento, é necessário intervir para restaurar o envolvimento do grupo.

Então vamos a algumas das situações mais comuns, seguidas de sugestões que poderão facilitar a condução do grupo.

Tumulto
- Trazer a participação das pessoas para o grupo.
- Silenciar até chamar a atenção.
- Questionar o grupo sobre o que está acontecendo.
- Reportar-se ao objetivo e regras da reunião.

Apatia
- Verificar a motivação para o assunto.
- Utilizar perguntas que estimulem a participação.
- Solicitar a colaboração.
- Propor a antecipação do intervalo, pois pode ser sinal de cansaço.

Dispersão
- Propor um trabalho que leve à concentração individual, para posterior discussão com o grupo.
- Identificar o motivo da dispersão.

Conversas paralelas
- Aproximar-se das pessoas.
- Indagar se há dúvidas quanto ao assunto.
- Perguntar se pode contribuir com a discussão do grupo.

Atraso de participante
- Situar os participantes atrasados, colocando-os a par do assunto que está sendo tratado.
- Em caso de atrasos constantes, relembrar o contrato feito no início da reunião.
- Se for o caso, negociar com o grupo um horário que seja conveniente para todos.

Saída antecipada de participante
- Informar ao grupo a eventual saída de alguém fora do horário previsto, justificando o motivo.

Entenda que o bom senso é necessário para lidar com cada uma dessas situações. Eu te apresentei algumas dicas do que fazer, mas cabe a você ter a sensibilidade e jogo de cintura para escolher a melhor atitude em cada situação. Fique tranquilo, pois quanto mais você atua, mais fácil isso ficará.

Agora você pode estar se perguntando o que fazer quanto aos comportamentos individuais que te deixam em saia justa. Você faz ideia de como agir com cada um deles? Não? Então vamos sem demora seguir adiante.

Comportamentos individuais e como lidar com eles

Podem ocorrer problemas localizados em alguma pessoa. É importante reconhecer o comportamento para que se possa adotar postura adequada à situação.

Então veja alguns tipos de comportamento individuais que podem surgir e sugestões do que fazer em cada situação.

Desligado
Presta pouca atenção e parece concentrado no seu próprio mundo, sonhando acordado. Por vezes deixa transparecer tédio e chateação.
- Busque questionar como o assunto em questão irá afetar o seu trabalho;
- Questione em separado se seu desligamento se deve a algum outro problema que está desviando sua atenção no momento e procure soluções alternativas;

- Em último caso, avalie junto com ele se será mais aconselhável que se ausente da reunião.

Bloqueador

É negativo e teimosamente resistente, discordando com frequência, fazendo oposição sistemática ou minando tentativas de se obter resultados.

- Você pode pedir-lhe que exponha com clareza as críticas que tem às propostas que estão em discussão, para melhor entender as razões de sua resistência.
- Pergunte se mais alguém do grupo compartilha daquela opinião.
- Peça-lhe que aponte como solucionaria o problema.
- Ouça sua proposta, registrando-a como uma alternativa, discutindo sua viabilidade com o grupo.

Comediante

É um crítico mordaz e não deixa passar uma oportunidade de fazer uma piada.

- É importante aceitar e usufruir a piada, quando é relacionada ao assunto que está sendo tratado e não fere os limites e a ética.
- Ficar atento ao conteúdo das brincadeiras que podem estar informando posições não explicitadas do grupo sobre o que está acontecendo.
- Se as piadas passam a ocupar mais tempo do que o assunto em pauta, lembrar o objetivo da reunião e sugerir que as mesmas sejam guardadas para o intervalo ou final.
- Interferir imediatamente se perceber que as piadas agridem ou constrangem alguém do grupo.

Impaciente

Interrompe os outros no meio das frases, conclui pelos demais quando a discussão ainda não acabou; inicia outro assunto achando que o atual está esgotado.

O que pode ser feito: Lembrar, de forma gentil, a importância de ouvir os outros participantes, que poderão mostrar novos ângulos da questão.

Digressivo

Usa frases extensas, intermináveis, repete as mesmas ideias utilizando outras frases e palavras, não consegue encerrar sua fala.

- Procure lembrar, de preferência dirigindo-se ao grupo todo, a necessidade de objetividade em função do tempo.
- Peça-lhe a palavra, fazendo um rápido fechamento da ideia, checando com ele se é isto o que queria dizer e passando a palavra a quem lhe couber, segundo a metodologia empregada.

Tímido

É quase sempre um interessado, mas não gosta de falar, por temperamento ou inibição.

- Evite pressioná-lo ou pedir sua opinião logo no início do grupo ou tema abordado.
- Solicite sua opinião sobre assuntos que ele conheça bem.
- Utilize metodologias em que todos tenham a vez de falar.

Falador

Não consegue permanecer calado muito tempo, mas difere do digressivo, porque gosta mesmo é de conversar. Assim, inicia a conversas paralelas, cochicha o tempo todo com os vizinhos e tem baixo poder de concentração.

- Utilize comunicação não verbal: olhar mais direta e frequentemente ou aproximar-se dos falantes.
- Dirija-se ao grupo relembrando a regra de apenas um falar de cada vez.

Dominador
Fala alto, tenta impor ideias e dominar a reunião.
O que pode ser feito: lembrar que as decisões a serem tomadas serão de responsabilidade do grupo, não apenas do coordenador ou de um de seus membros.

Competidor
Pelas atitudes que toma, parece querer tomar o lugar do coordenador, competindo com ele.
O que pode ser feito: torná-lo um aliado, convidando-o, por exemplo, a secretariar, confeccionar a ata ou exercer o papel de facilitador.

Vagaroso
Geralmente não é objetivo e até utiliza mal as palavras, dificultando e arrastando a compreensão das ideias que apresenta. Muitas vezes suas ideias são boas, se ele for auxiliado.
- Busque repetir o que foi dito com objetividade e clareza, e perguntar se era isso que queria dizer.
- Resguarde do ridículo as suas participações, apoiando-o com intervenções positivas de suporte.

Multitarefa
Leva outros trabalhos para a reunião, é interrompido a toda hora por um telefonema ou chamada extra, e por vezes chega tarde ou sai cedo porque tem outros compromissos.

O que pode ser feito: conversar à parte, expondo-lhe a necessidade de uma participação mais efetiva e colocando a alternativa de dispensá-lo da reunião ou treinamento se as outras tarefas forem prioritárias.

Veja bem, o que estou apresentando aqui não é uma receita de bolo. Use o bom senso para lidar com cada um dos perfis. No entanto, já ter pensado sobre o assunto e escutado algumas dicas vai te ajudar a agir adequadamente na hora que precisar.

E agora que você tem sugestões de como lidar com os participantes, que tal se preparar para usar corretamente os recursos?

Recursos instrucionais

Em sala de aula, possivelmente você terá à disposição dois recursos principais: o flip-chart ou talvez um quadro branco, antigo quadro de giz ou lousa que era usado nas escolas, e o Datashow com slides em PowerPoint.

Vamos começar então pelo flip-chart.

Dicas para o uso de Flip-Chart

O cavalete ou flip-chart é um recurso de grande ajuda para o condutor de reunião por sua praticidade, baixo custo e simplicidade de uso. Algumas técnicas que podem aperfeiçoar a sua utilização:

- Varie as cores dos pincéis.
- Coloque títulos e subtítulos sempre que possível. Isso ajuda o participante a ordenar suas anotações.
- Faça registros apenas das ideias principais, evitando excesso de informações em cada folha.
- Ao escrever, posicione-se de lado, facilitando a visualização pelo grupo.

- Escreva num tamanho que seja visível a todos de onde estão sentados.
- Faça registros antecipados dos objetivos ou tópicos; mas capriche no visual, já que terá tempo.
- Fique atento aos erros de português. Eles podem comprometer a sua credibilidade frente ao grupo.
- Evite borrões e palavras riscadas que poluam o visual e dificultem o entendimento; pode ser melhor virar a página e reescrever.
- Procure não separar as sílabas das palavras.
- Use cores fortes quando desejar ressaltar títulos ou ideias.
- O uso de símbolos pode economizar tempo e facilitar a compreensão da equipe, desde que sejam do conhecimento de todos.
- Mantenha o contato enquanto escreve: olhe para o grupo e comente o que está registrando.
- Destaque folhas com registros relevantes e fixe na parede, formando a memória do grupo.
- Não se escore no cavalete.
- Certifique-se que o cavalete está em local visível para todos.
- Evite fazer registros no cavalete sem fazer um comentário.
- Se for passar para um assunto novo ou diferente, mantenha uma folha em branco no cavalete.
- Pincel barulhento? Diminua a pressão da escrita. Se continuar, troque-o.

O flip-chart será mais útil em cursos e com grupos pequenos. Se quiser usar numa palestra com audiências maiores, você precisará contar com uma equipe de filmagem que filme a página do flip-chart e jogue no telão para que todos consigam enxergar.

Então, na maior parte das vezes, seu grande aliado será o Datashow com os slides no PowerPoint.

Assim, vamos ver quais são os cuidados necessários.

Dicas para uso do Power Point

Esse recurso é bastante utilizado desde pequenas reuniões a grandes conferências e seminários.

Sua tecnologia permite uma apresentação multimídia, reunindo num único aparelho diversos recursos de aprendizagem. Entretanto, alguns aspectos precisam ser observados:

- Não baseie sua apresentação somente nesse recurso. Ao final de certo tempo, ele torna-se monótono e cansativo.
- Não caia na tentação das animações. Slides exageradamente animados com sons, cores e formas diferenciadas podem ofuscar o conteúdo.
- Limite o uso do recurso a dez ou 12 slides de cada vez.
- O PowerPoint pode engessar a interação entre facilitador e participante. Se a apresentação de slides for extensa, interrompa a cada cinco ou seis telas e provoque a turma. Acenda a luz para que as pessoas se expressem.
- Procure usar tons discretos, o excesso de cores contrastantes pode cansar a plateia.
- Atente para a qualidade do material escrito. Reveja as concordâncias, acentuações e a gramática em geral. Erros crassos ganham proporções constrangedoras nesse recurso.
- Ok até aqui? Então vamos seguir adiante. Eu vou te apresentar as ferramentas para condução de reuniões.

Ferramentas para condução de reuniões: Brainstorming

Agora você vai aprender as principais ferramentas para condução de reuniões, tornando-as mais dinâmicas e produtivas. A primeira delas é o BRAINSTORMING.

O brainstorming (ou "tempestade de ideias"), mais que uma técnica de dinâmica de grupo, é uma atividade desenvolvida para explorar a potencialidade criativa do indivíduo, colocando-a a serviço de seus objetivos.

Quando se necessita de respostas rápidas a questões relativamente simples, o brainstorming é uma das técnicas mais populares e eficazes. Ela é mais frequentemente usada em:
- Desenvolvimento de novos produtos: obter ideias para novos produtos e efetuar melhoramentos nos produtos existentes.
- Publicidade: desenvolver ideias para campanhas de publicidade.
- Resolução de problemas: consequências, soluções alternativas, análise de impacto, avaliação.
- Gestão de processos: encontrar formas de melhorar os processos comerciais e de produção.
- Gestão de projetos: identificar objetivos dos clientes, riscos, entregas, pacotes de trabalho, recursos, tarefas e responsabilidades.
- Formação de equipes: geração de partilha e discussão de ideias enquanto se estimulam os participantes a raciocinar.

Há três principais partes no brainstorming:
- Encontrar os fatos (Definição do problema e Preparação).
- Geração da ideia.
- Encontrar a solução.

Regras

As quatro principais regras do brainstorming são:

- Críticas são rejeitadas: Esta é a regra mais importante. A não ser que a avaliação seja evitada, o princípio do julgamento não pode operar. A falha do grupo ao cumprir esta regra é a razão mais crítica para que a sessão de brainstorming não obtenha êxito.
- Criatividade é bem-vinda: Esta regra é utilizada para encorajar os participantes a sugerir qualquer ideia que lhe venha à mente, sem preconceitos e sem medo que isso o vá avaliar imediatamente. As ideias mais desejáveis são aquelas que inicialmente parecem ser sem domínio e muito longe do que poderá ser uma solução. É necessário deixar as inibições para trás enquanto se geram ideias.
- Quantidade é necessária: Quanto mais ideias forem geradas, mais hipóteses haverão de encontrar uma boa solução. Quantidade gera qualidade.
- Combinação e aperfeiçoamento são necessários: O objetivo desta regra é encorajar a geração de ideias adicionais para a construção e reconstrução sobre as ideias dos outros.

É importante que você entenda porque durante o brainstorming as ideias não devem ser criticadas por mais absurdas que possam parecer.

Certa vez, uma empresa estava com problemas em sua linha de produção. A tarefa dos colaboradores era empacotar com jornal determinada mercadoria. Acontece que eles distraíam-se lendo as manchetes e atrasavam a produção.

Foi feita uma reunião utilizando o brainstorming para saber como solucionar o problema e a ideia de uma das participantes foi a seguinte: "Simples! Vamos furar os olhos dos operários".

A ideia, embora parecesse absurda, foi anotada. A partir dela, a empresa tomou a decisão de contratar cegos para esse ofício.

Linhas de Direção

Embora, universalmente, não haja linhas de direção aceitas para passos específicos a implementar numa sessão de brainstorming, as seguintes atividades principais são bastante típicas:

- Desenvolver um enunciado para o problema.
- Selecionar um grupo de 6 a 12 participantes.
- Enviar uma nota aos participantes falando-lhes acerca do problema. Deverá ser incluído o enunciado do problema, o contexto, bem como algumas soluções e outras coisas que se revelem úteis para o caso.
- Começar por escrever o problema num quadro visível a todos os elementos pertencentes ao grupo.
- Falar, novamente, sobre as quatro regras principais do brainstorming.
- Requisitar novas ideias aos participantes pela ordem pela qual estes levantam a sua mão. Apenas uma ideia deve ser sugerida em cada momento.
- Ter um gravador, ou uma secretária, de maneira a que se possa escrever e tomar nota das ideias.
- A sessão deve durar cerca de 30 minutos.
- Selecionar um grupo para avaliação de três a cinco pessoas.
- Fornecer ao grupo a lista de ideias e dizer-lhes que sugiram e selecionem as melhores ideias.
- Fornecer ao grupo original um relatório com as ideias selecionadas pelo grupo de avaliação e requisitar a submissão de quaisquer ideias adicionais estimulada pela lista.
- Dar a lista final de ideias à pessoa ou grupo de trabalho do projeto.

Agora vou te apresentar mais duas ferramentas úteis em seu processo de condução de reuniões, o NGT e o Metaplan.

Ferramentas para condução de reuniões: NGT e Metaplan

Vamos falar agora do NGT, Nominal Group Technic ou Técnica de Grupo Nominal, que é utilizado para alcançar o consenso nas questões não resolvidas após análise e debate.

LINHAS DE DIREÇÃO

1. Enunciado do problema a ser resolvido.

2. Geração de Ideias

Escrita silenciosa da resposta à tarefa, durante dez minutos, utilizando-se frases simples, concisas, iniciando-se com o verbo no infinitivo.

3. Rodadas

Um a um, os participantes explicitam as suas respostas, uma em cada rodada;

Simultaneamente, são registradas as respostas numa lista geral, em flip-chart.

4. Esclarecimento

Após todas as rodadas, as respostas são revistas para eventuais esclarecimentos;

As respostas são combinadas e colocadas sob uma resposta mais geral, quando são afins.

5. Votação e classificação

As cinco respostas/ideias mais importantes são selecionadas pelos participantes, individualmente;

A respostas/ideias selecionadas são priorizadas por meio de atribuição de pontos a cada uma, pelos participantes, em trabalho individual.

6. Discussão dos resultados e relatório do grupo.

É importante que você entenda que o NGT é muito mais que uma simples votação das melhores ideias porque os participantes votam e depois pontuam as opções que mais lhe agradam.

Ganha a ideia que obtiver mais pontos e não mais votos, porque isso significa que aquela ideia tem pessoas profundamente comprometidas com ela.

Agora vamos conhecer o Metaplan.

METAPLAN

Este método pode ser usado para a facilitação da comunicação de grupos, onde as opiniões são desenvolvidas, uma compreensão comum é construída e objetivos, recomendações e planos de ação são formulados para focalizar em um problema e em suas soluções possíveis.

O Metaplan pode ser usado nas seguintes áreas:
- Criação, coleta, estruturação, armazenamento e visualização das ideias.
- Introdução de conceitos nos seminários.
- Análise de causas.
- Prioridades nas diferentes situações.
- Avaliação de resultados.

Etapas no processo de Metaplan
1. Introduza o tema, esclarecendo o cenário e descrevendo o objetivo.
2. Solicite que os participantes escrevam, individualmente, suas ideias, sugestões em tarjetas.

3. Recolha as tarjetas e agrupe-as por assuntos.
4. Divida os participantes em subgrupos. Cada um escolhe o subgrupo com o tópico que prefere discutir.
5. Os subgrupos agora classificam, adicionam e discutem novos itens relevantes para o tópico.
6. Os subgrupos compartilham os resultados, em apresentações de três minutos por subgrupo, permitindo a compreensão do retrato total.
7. Priorizar as principais ações, votando e usando etiquetas coloridas pequenas.
8. Os subgrupos recomeçam seu trabalho. Focalizar nas prioridades e criar um Plano de Ação.
9. Os subgrupos apresentam agora seus resultados à Plenária (10 minutos), seguido pelas discussões (20 minutos).
10. Conclusão e sumário. Fechamento do Plano de ação.

Benefícios

- Envolve todo o grupo na discussão, elaboração e implementação da solução para o problema apresentado. Isto influencia a maneira que agirão na fase de análise e no processo de tomada de decisão.
- Evita perda de tempo em discussões pouco produtivas para a tomada de decisão.
- Por serem anotadas em tarjetas, as ideias são de fácil visualização e permitem mobilidade, trocando-as de lugar, priorizando o que é mais importante ou até substituindo uma tarjeta por uma nova, sem precisar gerar rabiscos no material geral.

Bem, estamos chegando ao fim deste capítulo e no próximo você aprenderá como utilizar filmes do circuito comercial e dinâmicas de grupo para potencializar seus resultados em sala de aula.

TAREFA COMPLEMENTAR ❶ Como tarefa de casa você vai montar a sua primeira palestra. Faça o script do seu conteúdo, prepare os recursos audiovisuais e deixe tudo pronto para entrar em campo.

Você encontrará um formulário chamado Preparando sua Atuação no capítulo de anexos no final deste livro que vai te ajudar a estruturar sua palestra (ANEXO 16). Preencha-o e quando ela estiver formatada, reúna um grupo de amigos e familiares e faça sua primeira apresentação. Se não tiver para quem apresentar, faça na frente do espelho, mas é fundamental que você se experimente como palestrante esta semana.

E caso você esteja receoso por começar por achar que ainda não está pronto, saiba que o preparo mais poderoso virá de sua prática obstinada e você só conseguirá isso tentando.

TAREFA COMPLEMENTAR ❷ Para servir de inspiração para você, a outra tarefa de casa é assistir ao filme *O Discurso do Rei*. Aprenda como a obstinação para enfrentar desafios e falar em público pode fazer toda a diferença em seus resultados.

Até o próximo capítulo.

CAPÍTULO 11

A utilização de filmes do circuito comercial

Você é uma dessas pessoas que acreditam que a aprendizagem pode acontecer pelo caminho do prazer e não necessariamente pela dor? Já se sentiu sem novos recursos para preparar a sua equipe para dar resultados, aumentar as vendas, funcionar como time, ou simplesmente para motivá-los?

Pois bem, às vezes a saída para um grande problema pode estar bem perto de nós, em alternativas simples, do cotidiano, mas principalmente muito prazerosas. E uma delas, talvez a mais envolvente e eficaz, é a utilização de filmes do circuito comercial para treinar seus colaboradores. Sim, estamos falando de levar sua equipe ao **cinema**, ou então trazê-lo até eles!

Existem em qualquer locadora, à sua disposição, milhares de filmes de excelente qualidade que transmitem exatamente a mensagem que você precisa reproduzir para a sua equipe, e o fazem de maneira profunda, envolvente, bem-humorada, inteligente e capaz de penetrar em todas as áreas da vida do indivíduo, provocando reflexões, abrindo outras perspectivas e, porque não, realizando mudanças.

É evidente que para atingir bons resultados você precisa prestar atenção a uma série de cuidados, desde a escolha do filme, até a maneira como irá explorá-lo. No entanto, com um pouco de preparo e um custo baixíssimo você terá em suas mãos um novo recurso com inúmeras possibilidades. Aqui vão então algumas dicas.

Planejando sua Sessão Pipoca:

Agora é hora de decidir que objetivos você pretende alcançar, para somente depois escolher o filme mais adequado para este fim. Lembre-se que não se trata de apenas oferecer alguns momentos de lazer para seu grupo; eles estão sendo treinados, ainda que de uma maneira lúdica e prazerosa. Seu objetivo é melhorar as habilidades em vendas de sua equipe? Construir uma visão compartilhada? Prepará-los para um processo de mudança? Melhorar a qualidade no atendimento ao cliente? Treinar negociação? Ensinar conteúdos de gerenciamento e liderança? Enfim, as possibilidades são inúmeras e nenhum vento é favorável se você não sabe onde deseja chegar!

Uma vez delineado seu objetivo, fique atento aos seguintes cuidados:

- **Escolha o filme mais apropriado para o tema que deseja trabalhar:** para um mesmo tema, existem centenas de filmes, cada um com uma abordagem diferente, mexendo com emoções diversas e em graus variados. Podemos citar como exemplo o tema Administração de Conflitos. Se você quer levantar a questão de uma maneira leve, abrindo caminhos para que este assunto possa vir à tona em seu grupo, mas sem causar grandes constrangimentos, sugerimos o filme *D2 – nós somos os campeões*. Agora se você considera que o grupo está maduro e precisa de um filme mais profundo, utilize **Duelo de Titãs**. Finalmente, se você precisa de uma mensagem ainda mais clara e enfática, o filme indicado é **Maré Vermelha**. Assim, embora estes três filmes abordem o tema "conflitos", cada um deles o faz de uma maneira totalmente diversa e os resultados são também singulares.

- **Assista ao filme na íntegra, selecionando previamente as cenas que deseja utilizar:** é importante observar que efeitos o filme provoca em você, se ele realmente atinge seus objetivos, se precisa ser utilizado inteiro ou se é possível passar apenas algumas cenas. Veja quanto tempo é preciso ter disponível,

lembrando de considerar a discussão após o filme, que é o momento aonde a aprendizagem realmente irá se consolidar.
- **Escolha a metodologia que será utilizada para exploração do filme:** é possível pedir para que cada um anote suas observações, sugerir a construção de um painel com os sentimentos ou conclusões de cada participante, abrir espaço para um debate, entre outras possibilidades. Seja lá qual for a metodologia escolhida, prepare-se para ser surpreendido com a infinidade de aspectos que o grupo enxergou no filme e que talvez houvesse lhe escapado. Isto acontece pela sinergia grupal; a discussão acerca das diferentes percepções abre possibilidades riquíssimas que o indivíduo sozinho seria incapaz de alcançar.

Preparando o ambiente para novas aprendizagens

Se você deseja construir um clima propício para facilitar o processo de aprendizagem de sua equipe, procure reproduzir no espaço de sala de aula o ambiente que mais se aproxime do cinema, de tal forma que as pessoas se sintam transportadas para lá e possam realmente mergulhar na saborosa aventura que o filme irá proporcionar. Providencie, então, os seguintes recursos:
- **Cadeiras dispostas uma atrás da outra:** embora o formato em "U" seja mais adequado para discussão do filme, no momento da projeção é importante que o foco das pessoas esteja na tela, e não entre si.
- **DVD:** lembrando de checar toda a aparelhagem antes, a fim de evitar surpresas indesejáveis.
- **Datashow, telão e caixas de som:** a atenção das pessoas precisa ficar no filme e não na falta de qualidade da imagem ou do som.
- **Kit cinema:** você consegue se imaginar indo ao cinema sem comprar guloseimas, refrigerante e principalmente a convidada principal, *sua Majestade, a Pipoca*? Pois bem, providenciar o kit pipoca não é apenas um agrado que você fará ao seu grupo, o que por si só já justificaria o investimento, mas é outra maneira de facilitar o processo de aprendizagem.

E o show vai começar

Agora é hora de focar a atenção do grupo em direção ao seu objetivo. Sem dúvida, pela riqueza de aspectos que um filme é capaz de trazer, cada um dos participantes também alcançará objetivos individuais, diferentes dos seus, durante a sessão; mas é fundamental que você colabore com a percepção do grupo, orientando sobre quais aspectos devem ser observados, a fim de serem debatidos posteriormente.

- **Apresente a sinopse do filme:** quando passar o filme na íntegra, apresentar a sinopse ajuda a gerar curiosidade, interesse, expectativa, que colaboram com o processo de aprendizagem. E se você pretende projetar apenas uma ou duas cenas, ainda mais é necessário que o grupo entenda o contexto do filme.
- **Oriente sobre que aspectos deverão ser observados:** você pode até entregar previamente uma ficha de observação com algumas questões norteadoras.
- **Entregar o kit cinema:** e prepare-se para presenciar um grupo de adultos virando um bando de crianças, o que é fantástico para a aprendizagem.
- **Observe as reações do grupo durante o filme:** mesmo que você já tenha assistido ao filme 35 vezes, com aquele grupo é a primeira vez, e sua presença, no papel de condutor e líder, é imprescindível.

Durante a exploração do filme, confie em sua percepção, mas principalmente pergunte muito, ouça o tempo todo, e você descobrirá que o grupo é capaz de superar suas expectativas, com toda a sua riqueza, sensibilidade e inteligência. As pessoas sentem-se inspiradas quando fazem o que gostam, e cinema, convenhamos, é uma paixão de todos nós.

Agora, se você ainda quer mais ajuda sobre esta maravilhosa ferramenta de Treinamento e Desenvolvimento, sugiro a leitura do livro *Lições que a Vida Ensina e a Arte Encena*, ou *Outras Lições que a*

Vida Ensina e a Arte Encena que escrevi em parceria com meu amigo Douglas Peternela, outro apaixonado por cinema e treinamento como eu e você. Cada um dos livros traz mais de 100 filmes, divididos por assuntos, sendo que em cada um deles existe a sinopse, ficha técnica, cena sugerida (momento em que inicia e termina), descrição da cena e sugestão de como explorá-la. Os filmes que existem nos livros são os que deixo no ANEXO 17 como sugestão.

E continue de olho, pois quando a gente menos espera, **a vida ensina e a arte encena!**

E prepare-se porque agora você aprenderá a utilizar corretamente dinâmicas de grupo.

Dinâmicas de grupo e vitalizadores

Antes de aprender a trabalhar com dinâmicas de grupo é importante você compreender para que elas servem.

Poucas técnicas de treinamentos são tão flexíveis quanto as dinâmicas de grupo, que podem servir para diversos fins, tais como:

Para integração e apresentação de novos colaboradores: Sempre que novos membros se ligam a um grupo de trabalho é necessário integrá-los com a equipe. Aqui entram as dinâmicas de apresentação e as dinâmicas de integração. Esse tipo de atividade em grupo tem por objetivo apresentar um novo membro e iniciar um relacionamento interpessoal com seus colegas de trabalho.

Lembra que nós vimos que a primeira fase do funcionamento de um grupo é a inclusão? Pois aqui as dinâmicas de grupo têm a capacidade de acelerar essa integração de seus membros.

Para motivar: Motivar colaboradores é a base para que todo o grupo trabalhe em perfeita harmonia com o objetivo comum de atingir metas. As dinâmicas de grupo de motivação servem para dar uma injeção de ânimo no grupo. Esse tipo de atividade deve ser usada sempre que o coordenador observar que por algum motivo o grupo não esteja totalmente convencido de que conseguirá atingir os objetivos propostos ou esteja desmotivado por algum fator interno. O uso de mensagens motivacionais, vídeos, frases e slides são uma maneira de manter o grupo motivado.

Para quebrar o gelo: Muitas vezes um grupo fica obcecado a cumprir suas metas e por esse motivo deixa de lado o relacionamento interpessoal. É como se um verdadeiro "gelo" se formasse entre os integrantes do grupo. Às vezes, o próprio palestrante ou instrutor sente que a turma ainda não relaxou para começar o treinamento e aí entra em cena os exercícios de quebra gelo que visam aproximar os participantes, estimular o relacionamento interpessoal, a troca de ideias, a criatividade, etc.

Para resolver conflitos internos: Cada indivíduo é um universo em miniatura. Em um grupo encontramos pessoas das mais variadas classes sociais, com formação escolar diferente, com crenças e religiões distintas, que torcem por times diferentes, enfim, todos os fatores comuns a um grupo que se não forem bem administrados podem gerar conflitos e esses por sua vez geram problemas internos que afetam o desempenho da equipe e consequentemente da empresa também. As dinâmicas de grupo para administração de conflitos são a solução ideal para esse tipo de problema, seu objetivo é ir a fundo à raiz do problema e através de atividades, jogos, brincadeiras, histórias e metáforas, o coordenador consegue mostrar aos membros que o trabalho em grupo requer união e que todos estejam focados nos objetivos comuns previamente estabelecidos e que questões que não sejam pertinentes devem ser resolvidas de maneira que não afetem a performance da equipe.

Para recrutamento e Seleção de Candidatos: As empresas de recursos humanos são as que mais se beneficiam do uso de dinâmicas de grupo, pois através dela conseguem nivelar todos os candidatos e assim podem avaliar como se comportam em grupo, suas habilidades de tomar decisões, compartilhar informações e resolver conflitos. Muitas vezes um candidato apresenta um currículo impecável; no entanto, não tem habilidades para trabalhar em grupo, tomar decisões ou até mesmo se relacionar com os demais. Esse tipo de candidato, apesar de ser altamente qualificado, não se enquadra nos quesitos que analisam seu comportamento em grupo. Por outro lado, uma pessoa que não tem uma formação técnica ou tão qualificada quanto a exigida pela empresa pode se destacar mostrando suas qualidades de liderar e tomar decisões em prol do benefício geral do grupo.

Estas são apenas algumas das possibilidades para você. No ANEXO 18 você encontrará uma série de dinâmicas de grupo que poderá começar a aplicar.

No final deste livro também apresento uma bibliografia com livros recheados de dinâmicas de grupo por assunto. Adquira alguns desses livros e deixe sempre à mão para escolher a dinâmica ideal que você precisa para cada situação.

Como escolher o recurso certo para cada situação

Talvez esse seja um dos maiores pecados mortais da maioria dos instrutores e palestrantes: escolher o recurso que o agrada e não o que o grupo precisa. Vi muito palestrante renovado dizendo: "Há, este filme é tão legal, gostei tanto, então vou usar em minha palestra". Ou: "Nossa essa dinâmica é tão divertida, acho que vou aplicar".

Não é assim que funciona. Você deve escolher o recurso que o grupo precisa e não o que você gostaria de usar.

E como saber o que o grupo precisa se você só vai conhecê-lo durante o treinamento?

Para isso existe o que eu chamo de Cinto de Utilidades do Instrutor e palestrante. Nunca vá com apenas uma opção na bagagem.

Quando eu vou ministrar um treinamento, levo um plano A, B e C para cada um dos conteúdos que eu preciso trabalhar, tanto em matéria de filmes como dinâmicas de grupo, e conforme vou sentindo a turma, escolho o recurso que mais se aproxima do que eles necessitam.

Também procuro fazer um bom trabalho de briffing com o contratante para saber exatamente o que ele precisa que eu trabalhe com o grupo. Deixo claro que quanto mais eu tiver acesso aos problemas, aos resultados desejados, às expectativas da empresa, mais eu poderei acertar na mosca com minha atuação.

Ainda assim, quando você chega em sala de aula, descobre novidades que ninguém te contou.

Por exemplo, numa ocasião levei um filme legendado para usar com o grupo e na hora descobri que havia um cego na turma. Na hora do almoço tive que correr numa locadora da cidade que eu não conhecia para conseguir o filme dublado.

Já aconteceu também de durante o treinamento vir à tona um problema no grupo que o contratante desconhecia e precisei puxar uma dinâmica do cinto de utilidades do palestrante parar resolver a questão.

Outro detalhe importante é: não fique refém do recurso que você escolheu. Não foi uma, não foi duas, não foram três vezes que eu estava com tudo preparado para utilizar determinado filme e slides e faltou luz no local da palestra ou treinamento e não havia como esperar que a energia retornasse.

Nessa hora você precisa ter jogo de cintura e seguir adiante mesmo sem o recurso com o qual você tanto contava.

O segredo é se preparar bastante, ensaiar muitas vezes, pensar no plano A, B e C, e aí você encontra saída para tudo.

Agora é hora de exercitar.

TAREFA COMPLEMENTAR ❶ Escolha um filme ou dinâmica de grupo que estão na lista de anexos (ANEXOS 17 E 18) e aplique num pequeno grupo de amigos, familiares ou outro grupo de referência que você possua.

TAREFA COMPLEMENTAR ❷ E já que o tema é cinema, vai aqui mais uma tarefa de casa: assistir ao filme *Sociedade dos Poetas Mortos*. Sim, eu imagino que você já o viu muitas vezes, mas agora assistirá com o olhar de quem está decidido a assumir como missão de vida ensinar e desenvolver pessoas. Então coloque-se no lugar do professor de literatura e veja como você pode fazer toda a diferença para sua audiência.

Nos encontramos no Capítulo 12. Até lá.

CAPÍTULO 12

O processo de feedback

Uma das ferramentas que mais ajudarão a melhorar sua performance como palestrante e também que servirão para acelerar os resultados do grupo é o processo de dar e receber feedback.

Sim, já falamos nesse tema quando estávamos trabalhando sua atuação como coach, mas o tema é tão importante e necessário em sua trajetória profissional que resolvi aprofundá-lo aqui.

Costumo dizer que dar feedback é um gesto de amor. Quando você se dispõe a dar feedback para alguém, sabe que este processo pode ser desgastante e não necessariamente a outra pessoa ficará feliz com o que vai ouvir. Então, ao dar feedback, você está pensando mais nela do que em você, por isso é um gesto de amor.

Mas para utilizar corretamente esta ferramenta, vamos estudá-la mais profundamente.

O QUE É FEEDBACK E O QUE ELE NÃO É

Feedback é **"um processo de ajuda para mudanças de comportamento; é comunicação a uma pessoa, ou grupo, no sentido de lhe fornecer informações sobre como sua atuação está afetando outras pessoas"**. Fela Moscovici.

Quando eficaz, ele ajuda o indivíduo (ou grupo) a melhorar seu desempenho e alcançar seus objetivos. Todavia, na maioria das vezes, ele ocorre de forma equivocada, o que traz muito mais prejuízos do que benefícios para o indivíduo e para a organização. E, via de regra, ele simplesmente NÃO OCORRE por insegurança ou falta de preparo dos gestores, que preferem se omitir a gerar animosidades.

A melhor forma de aprender a dar feedback é praticando, mas existem alguns cuidados que você pode tomar para garantir a efetividade do processo.

- **Seja descritivo ao invés de avaliativo**: não fale da pessoa, refira-se ao comportamento que não está em consonância com o que foi acordado entre as partes. Costumo dizer que o que foi combinado não é caro!
- **Seja específico**: evite generalizações. Trate do fato em si, pontuando-o objetivamente e sem rotulações.
- **Não faça julgamentos**: trabalhe com os fatos e não com as inferências. Fazer juízo de valores de nada vai ajudar no processo.
- **Fale em seu próprio nome e dos seus sentimentos**: não existe nada mais irritante do que você ouvir "Olha, esta não é a minha opinião, mas estão dizendo por aí..."
- **Seja oportuno**: preferencialmente, o feedback deve ser dado no momento em que o comportamento ocorreu, mas se os ânimos estiverem exaltados, é salutar esperar um pouco.
- **Se necessário, esclareça para assegurar comunicação precisa**: é possível que o outro não tenha entendido exatamente o que você quis dizer. Peça para que ele repita a fim de averiguar se tudo foi compreendido adequadamente.
- **Lembre-se: feedback deve ser dirigido para comportamentos que podem ser modificados**: se o problema não tem solução, solucionado está!

É importante ressaltar que a responsabilidade do processo de feedback não é apenas de quem o oferece, mas também de quem recebe. Tenha os seguintes cuidados ao receber um feedback:

⇒ Ouça atentamente.

⇒ Reflita sobre o conteúdo do feedback.
⇒ Faça perguntas para clarificar.
⇒ Evite as justificativas e racionalizações.

Treine e treine cada vez mais dar e receber feedback, pois este é o recurso mais poderoso que você tem para tornar-se um Coach Palestrante cada vez mais preparado e competente.

Agora eu vou te ensinar como entrar em Rapport com sua audiência.

Como entrar em Rapport com a audiência

Rapport é um termo em francês que significa sintonia.

Para entrar em Rapport você deve encontrar ou criar algo em comum com a outra pessoa.

As pessoas gostam de pessoas como elas próprias. A dica é primeiro acompanhar para depois buscar conduzir. O Rapport é uma linguagem que fala direto com o inconsciente de quem está interagindo com você por isso é tão poderoso.

Busque a LINGUAGEM CORPORAL ADEQUADA: Braços e pernas descruzados, bom contato visual, sorriso, inclinação para frente, ombros flexíveis e aura relaxada.

O que você comunica nos primeiros momentos de um encontro estabelece que você é de confiança, honesto, vibrante e saudável, ou faz as pessoas se afastarem, por isso não descuide da comunicação verbal e não verbal.

Veja agora como CAUSAR 1ª BOA IMPRESSÃO:
1. Roupa: deve expressar autoridade + disponibilidade.
2. Postura: demonstre entusiasmo, curiosidade, humildade.
3. Diga ótimo 3 vezes e sorria antes de interagir com o outro.

4. Veja a cor dos olhos dele o que significa que você vai se obrigar a olhar nos olhos.
5. Vire seu coração na direção no coração dele.
6. Mostre as mãos vazias, desarmadas.
7. Prepare sua pergunta antes para manter o controle da conversa.
8. Entre em Rapport, acompanhando tom de voz, movimentos, respiração.

A seguir, vamos falar sobre como as pessoas representam o mundo e se comunicam. Você precisa ter clareza destas diferenças para saber interagir com cada uma delas.

Os canais de comunicação do sistema representacional

E aí, preparado para compreender o que diferencia as pessoas e a melhor forma de se comunicar com cada uma delas?

Então vamos lá. As pessoas pensam: formando imagens em sua mente; ouvindo falas e sons; tendo sensações.

Algumas são predominantemente visuais e se comunicam melhor através das imagens. Outras são predominantemente auditivas e se comunicam melhor através dos sons. Outras ainda são predominantemente cinestésicas e se comunicam melhor através dos sentidos do tato, olfato e sensações internas.

Se você conseguir compreender bem esta distinção e souber transitar entre os três canais, a sua capacidade de gerar aprendizagem para a sua audiência será muito aumentada.

Então acompanhe comigo.

Como se comunicar com pessoas de tendência visual

Use fotos, mapas, diagramas e gráficos.

Na sua fala, facilite para a pessoa construir imagens do que você está falando. Use palavras como claro, amplo, bem definido, ângulo, evidência, ponto de vista, aparência, à luz de, ou frases como: "Vou te mostrar", "Quero que você imagine" etc.

Quando se tratar de um acordo com a pessoa, coloque tudo no papel para que ela VEJA. As pessoas mais visuais dão importância às aparências, ao aspecto visual das suas roupas, às cores.

Na conclusão de uma conversa, coloque sua posição de uma forma visual. Escreva num papel ou no quadro para que a pessoa possa ver.

Como se comunicar com pessoas de tendência auditiva

As pessoas auditivas pensam mais em palavras do que em imagens ou sensações.

Estas pessoas gostam de ouvir o que as outras têm a dizer sobre algum assunto.

Faça citações.

A sua voz pode ser explorada para prender a atenção desta pessoa. Volume de voz, tonalidade, rapidez e pontuação podem ser bastante explorados.

As pessoas mais auditivas gostam de prestar atenção tanto à maneira como você diz quanto ao que você diz.

Use palavras como: soar, anunciar, sonoro, declarar, discurso.

Como se comunicar com pessoas de tendência cinestésica

A pessoa de tendência cinestésica gosta de se encontrar pessoalmente.

Para você vender uma ideia ou um produto, faça com que ela se envolva fisicamente.

Possibilite que ela pegue com suas próprias mãos o produto, sua ideia ou relatório.

Use palavras como: sentir, confortável, agradável, fácil, firme, gostoso.

Recebendo uma pessoa, faça com que ela se sinta confortável.

Pessoas cinestésicas gostam de ser tocadas. Termine sua conversa com um aperto de mão e/ou um abraço.

Com certeza, em todas as suas audiências estarão presentes pessoas cujo canal predominante é o visual, outras o auditivo e outras ainda o cinestésico. Sabendo disso, busque comunicar-se nos três canais, de preferência utilizando recursos didáticos diversificados em suas palestras, bem como palavras específicas dos canais predominantes de cada coachee.

A essa altura talvez você esteja curioso para saber qual é seu canal do sistema representacional predominante. E vou te ajudar a resolver isso. Até porque quanto mais você se conhecer, melhor preparado estará para auxiliar os seus clientes.

TAREFA COMPLEMENTAR ❶ Então vá até a área de materiais e preencha o questionário que está no ANEXO 19.

Agora iremos conversar sobre a sua missão de entrar em campo e fazer sua carreira decolar. Vamos lá então.

Vencendo seus próprios limites

Eu quero ter uma conversa muito séria com você. Nesses 24 anos que tenho em minha caminhada de desenvolver pessoas e com as mais de 250 mil pessoas atendidas através de palestras, cursos, consultorias, isso para não falar dos mais de 100 mil leitores dos meus livros, já vi muita gente brilhante não sair do chão porque não acreditava em seu próprio potencial.

É por isso que eu gosto tanto da fábula da águia que achava que era uma galinha. Deixe-me relembrá-la para você:

Uma vez, andando pela floresta, um homem encontrou um filhote de águia. Levou-o para casa e o colocou no galinheiro. Algum tempo depois, um naturalista tentou convencer o fazendeiro de que a ave tinha coração de águia e que certamente deveria voar. E o fazendeiro retrucou:

– Depois que lhe dei comida de galinha e a eduquei para ser uma galinha, ela nunca aprendeu a voar. Se se comporta como uma galinha, é porque não é mais uma águia.

Depois de muito discutirem, o naturalista pegou a águia nos braços e disse:

– Você pertence aos céus e não à terra. Bata bem as asas e voe... Confusa, sem consciência da sua identidade, a águia correu para junto das galinhas.

Depois de tentar várias vezes, o naturalista um dia levantou-a na direção do sol. A águia começou a tremer, lentamente abriu as asas e, com um crocitar de triunfo, alçou voo. Pode ser que a águia ainda se lembre das galinhas com saudade, pode ser que ainda, ocasionalmente, visite um galinheiro, mas, até onde foi possível saber, ela nunca mais voltou a viver como uma galinha. Nunca tinha deixado de ser uma águia, embora tivesse sido mantida como uma galinha.

Pois bem essa é você: uma águia capaz de alçar lindos voos e você fará isso não apenas para satisfazer o seu ego, ou porque enxerga nesse caminho uma interessante fonte de renda. Eu estou falando de sua missão no mundo. Sendo Coach Palestrante você terá a oportunidade de chegar até a alma das pessoas.

Olha, eu tenho certeza de que já ajudei a salvar muitas vidas, pessoas que haviam perdido o sentido de viver, e isto foi restabelecido porque tive a oportunidade de tocar o coração delas. E é por isso que quero continuar minha missão até o último dia de minha vida.

Então não deixe que o medo te pare. Você pode até ter se convencido por um tempo de que era uma galinha, mas não foi por acaso que você decidiu fazer esta formação e seguiu até aqui. Você tem espírito de águia e está na hora de voar.

E agora é hora de cuidar dos últimos preparativos para a sua estreia. Vamos lá?

Praticando a condução de reuniões e os atendimentos em Coaching

Bem, até agora você já aprendeu bastante. Na verdade, você teve acesso nessas páginas a informações que precisei de mais de 20 anos para incluir em minha bagagem de Coach Palestrante.

Agora está na hora de praticar.

Você já me ouviu repetir muitas e muitas vezes que saber e não fazer é ainda não saber.

Assim como não se aprende a andar de bicicleta lendo manuais, assistindo cursos ou ouvindo explicações, você vai precisar praticar e quanto mais se exercitar, melhor você vai se sair.

Eu te sugiro colocar muita energia em realizar o maior número de palestras que puder. E como você vai fazer isso? Oferecendo-as gratuitamente. O mesmo vale para os atendimentos como coach.

Atenda e atenda mais.

Talvez soe estranho para você ter que trabalhar sem ser remunerado, mas lembre-se que você está plantando sementes para o seu futuro, construindo o seu nome, adquirindo segurança, e isso não tem preço.

Quanto mais na vitrine você estiver, mais pessoas vão conhecer e indicar o seu trabalho.

Crie seu canal no YouTube, faça a sua fanpage no Facebook, crie seu site, deixe o mundo saber que você existe.

Comece a participar de Congressos, inclua palestrantes em seu rol de amigos, renove seu guarda-roupa adquirindo trajes que combinem com sua identidade de Coach Palestrante.

Contrate um bom fotógrafo e faça um book porque você vai precisar de fotos profissionais para divulgar a sua imagem.

Um novo mundo está se descortinando para você. Agora é a sua vez de brilhar.

Curta cada momento dessa nova trajetória e ajude a transformar o mundo num lugar melhor para se viver porque a partir de hoje esta é a sua missão.

TAREFA COMPLEMENTAR ❷

E o último filme que veremos nessa sequência de aprendizagem é minha homenagem para você, que escolheu fazer a diferença na vida das pessoas. O filme é *Ms. Roland, Adorável Professor*. Você vai ver o poder do feedback e, principalmente, porque todo esforço colocado nessa caminhada como Coach Palestrante vale muito a pena.

O filme vai te ajudar a entender porque eu e tantos profissionais desta área querem cumprir esta missão até o último dia de nossas vidas. E eu espero que você também comece a se sentir assim de hoje em diante.

Estou muito feliz por ter colaborado com essa etapa tão importante de sua caminhada. E, se Deus quiser, nos encontraremos em breve nos palcos da vida.

Se você deseja fazer a Formação Completa do Coach Palestrante, onde você sai certificado para atuar nas duas áreas e ainda aprende a escrever e publicar seu primeiro livro de sucesso, visite o nosso site: http://coachpalestrante.com.br/

Até lá.

BIBLIOGRAFIA

ANTUNES, Celso. **Jogos para a estimulação das múltiplas inteligências.** 9. ed. Petrópolis: Vozes, 2001.

CASTILHO, Áurea. **Filmes para ver e aprender.** Rio de Janeiro: Qualitymark, 2003.

COVEY, Stephen R. **Liderança baseada em princípios.** Rio de Janeiro: Campus,1994.

CUNHA, C. IEA. **Manual do Moderador.** Disponível em: <www.iea.org.br>.

FRANKL, Victor E. **Em busca de sentido.** São Leopoldo: Simodal, 1991.

FRITZEN, Silvino José. **Exercícios práticos de dinâmica de grupo.** 15. ed. Rio de Janeiro: Vozes, 1991. v. 1.

_____. **Exercícios práticos de dinâmica de grupo.** 13. ed. Rio de Janeiro: Vozes, 1990. v. 2

GRAMIGNA, Maria Rita. **Jogos de empresa.** São Paulo: Makron Books, 1993.

JUNQUEIRA, Luiz Augusto C. **Negociação.** São Paulo: COP, 1993

KOTTER, John. **Liderar mudanças.** São Paulo: Makron Books, 1997

LUZ, Márcia **Lições que a vida ensina e a arte encena.** Campinas: Átomo, 2005.

_____. **Outras lições que a vida ensina e a arte encena.** Rio de Janeiro: Qualitymark, 2007.

MILITÃO, A. **Jogos, dinâmicas e vivências grupais.** Rio de Janeiro: Qualitymark, 2001.

_____. **SOS dinâmica de grupo.** Rio de Janeiro: Qualitymark, 2008

MORGAN, Gareth. **Imagens da organização.** São Paulo: Atlas, 1996

MOSCOVICI, F. **Desenvolvimento interpessoal.** 3. ed. Rio de Janeiro: Livros Técnicos e Científicos, 1985.

NASCIMENTO, K. T. **Comunicação interpessoal eficaz:** verdade e amor. Rio de Janeiro: Incisa, 1977.

PERRENOUD, Philippe. Formar professores em contextos sociais em mudança: prática reflexiva e participação crítica. **Revista Brasileira de Educação,** n. 12, p. 5-21, set./dez. 1999.

POLITO, R. **Superdicas para falar bem em conversas e apresentações.** São Paulo: Saraiva, 2010.

SENGE, Peter M. **A Quinta disciplina. São Paulo:** Best Seller, 1990.

WEIL, Pierre. **O corpo fala**: a linguagem silenciosa da comunicação não-verbal. Petrópolis: Vozes, 1986.

YOZO, Ronaldo Yudi K. **Cem jogos para grupos**: uma abordagem psicodramática para empresas, escolas e clínicas. São Paulo: Ágora, 1996.

ANEXO 1
Formulário de Diagnóstico Inicial

CARACTERÍSTICAS PESSOAIS E PROFISSIONAIS:

1. A cultura da empresa onde você trabalha é mais *hard* ou mais *soft*?
2. E no passado, como era?
3. Como você gostaria que fosse no futuro?
4. Qual o tipo de líder você é hoje?
5. Como era no passado?
6. Como gostaria de ser no futuro?
7. Se eu estivesse entrevistando sua equipe, e se eles fossem absolutamente sinceros, o que diriam de você hoje?
8. E no passado?
9. E o que você gostaria que dissessem no futuro?
10. Quando você está fazendo o seu melhor, o que faz em termos relacionais?
11. E no seu pior?
12. Cite uma pessoa que você admira (pode ser de seu círculo de amizade, personalidade ou personagem). Quais são suas qualidades?
13. Se eu estivesse entrevistando seus amigos, cônjuge ou filhos, o que eles me diriam de positivo sobre você?
14. E o que eles reclamariam de você?
15. Você cultiva os seus relacionamentos? De que maneira? Visita, telefona, escreve, cumprimenta em datas significativas?

HISTÓRICO DE EVENTOS DE VIDA:

16. Cite 10 momentos de definição em sua vida. Escolha momentos importantes que aconteceram sem que você escolhesse passar por eles (por exemplo: separação dos pais). Relate também como você mudou após cada um deles.
17. Cite sete escolhas decisivas feitas por você e sua percepção de si mesmo em cada uma delas.

18. Cite cinco pessoas influentes em sua vida, positiva ou negativamente. Como cada uma delas influenciou você?
19. Há quanto tempo você não vai ao médico? Já fez algum *check-up*? Quando foi a sua última consulta? Qual foi o motivo?

DECLARAÇÃO DE PROPÓSITO OU MISSÃO:

20. Por que você acorda todos os dias? O que te dá motivação para trabalhar?
21. Qual o seu propósito no trabalho? O que você traz para a sua empresa?
22. O que te diferencia dos demais colaboradores da empresa?
23. Se hoje você estivesse se aposentando, o que gostaria que as pessoas viessem te dizer? Como gostaria de ser lembrado?
24. Qual o legado você quer deixar quando partir deste mundo?

VALORES:

25. O que motiva você? Quando você se sente energizado?
26. Quando se sente importante? Por que isso é importante?
27. O que você faria de tudo para evitar (irritações, pesos, emoções, defeitos)?
28. O que você não tolera?
29. Todo homem tem seu preço (em dinheiro, joias, imóveis, benefícios, mordomia etc.)? Você concorda? Qual é o seu preço?

METAS:

30. Onde você gostaria de estar em 1, 3, 5 anos.
31. De tudo o que surgiu, qual é a meta mais importante?
32. Qual a competência que se você tivesse desenvolvida criaria maior impacto positivo agora para alcançar esta meta?
33. Qual é o seu grande sonho profissional ainda não realizado? Você tem esperança de conseguir realizá-lo? O que falta?
34. Você é, de fato, um profissional competente? Em que você é realmente bom? Que contribuições ou benefícios você pode proporcionar a um empregador ou cliente?

MAPEANDO O FUTURO:

35. Você tem alguma reserva financeira de contingência? Na falta do emprego, durante quantos meses conseguiria viver com suas próprias economias?

36. O que você faz diferente, o que você tem ou faz que os outros não fazem?

37. O que mais você precisa desenvolver para se diferenciar?

38. Quem se interessaria pelo que você tem a oferecer?

ANEXO 2
Formulário de Identificação do Propósito de Vida e Valores

PRATICANDO A BUSCA DO PROPÓSITO

Nem sempre é fácil definir o propósito de uma pessoa ou de uma organização. Isso acontece porque esse exercício nos remete a uma dimensão sutil, ainda que essencial, que nem sempre incluímos em nossas percepções.

Num grupo de trabalho onde o propósito não é claro, fica difícil as pessoas chegarem a um ponto de sintonia e consenso. A tarefa pode ser tão clara quanto transformar um bloco de argila em vaso, mas se as pessoas começarem a agir priorizando a forma que o vaso deve ter, existe a possibilidade de que as diferenças pessoais entrem em conflito, e o grupo não chegue à conclusão de como o vaso deve ser. Na presença de personalidades fortes, poderá prevalecer a opinião de alguns poucos. Mas será que o vaso de argila terá a qualidade e a vitalidade de todas as pessoas do grupo? Como as pessoas se sentirão diante da tarefa? Motivadas? Alegres? Satisfeitas? Como elas se sentirão em relação à obra final?

Em suma, se a forma é o fator determinante, existe a possibilidade de que algumas pessoas se sintam frustradas e fora da sintonia grupal.

Porém, se as pessoas estiverem conscientes, desde o início, de que o vaso tem um espaço vazio e que esse espaço é a sua prioridade, a forma poderá fluir com maior flexibilidade.

O conhecimento do propósito leva as pessoas e as organizações a buscarem o fator essencial e sutil que está por trás da forma e da aparência do que é concreto e mensurável.

Quando uma organização tem claro o motivo nobre que a leva a fazer o que faz, as pessoas descobrem um sentido para estar ali; elas acreditam no que fazem e sabem que estão ali não apenas para receber um contracheque no final do mês. Elas se sentem bem quando levantam pela manhã para ir ao trabalho porque sabem que o que fazem está adicionando valor ao mundo em que vivem.

> O encontro com um trabalho que dá sentido à vida tem um poder extraordinário. Quando se atende a essa necessidade humana, torna-se desnecessário indagar "como motivar as pessoas" ou "como fazê-las dar o melhor de si" - sua motivação passa a ser interior e seu desempenho passa a um novo patamar.

Os processos pelos quais uma pessoa ou uma organização precisam passar para chegar a uma afirmação clara de seu propósito são semelhantes na essência, porém bem diferentes quanto ao método e procedimentos.

Propomos um exercício prático, apresentado a seguir, para que todo executivo que assim o deseje possa criar a sua afirmação de propósito. O exercício é composto de quatro estágios e poderá ser praticado individualmente.

EXERCÍCIO PARA CRIAÇÃO DE UMA AFIRMAÇÃO DE PROPÓSITO

1º ESTÁGIO

*Entrando em contato com as capacidades, competências, talentos e habilidades: o que você pode **ser***

Neste estágio, é importante conscientizar quais são as competências centrais, as habilidades, talentos que você reconhece que tem, mesmo aqueles que não tenha posto em prática em alguma atividade. Por exemplo, você pode ter um talento musical, artístico, esportivo etc., com o qual não está conectado neste momento de sua vida.

1. Pense nas competências que lhe dão o sentido de ser quem você é. Faça uma lista dessas competências sem censurar-se, sem racionalizar em excesso.
2. Olhe para a sua lista e veja que capacidades/competências podem ser incluídas em outras mais abrangentes.
3. Faça uma seleção criteriosa, olhando para a sua lista, de qual seria a competência central e mais abrangente que você selecionaria. Para tornar mais fácil o exercício, selecione cinco, depois três e por último deixe apenas uma competência-chave.

Alguns exemplos de competências/talentos: capacidade de:

- governar
- liderar
- iniciar atividades
- decolar coisas do zero
- ter visão clara
- apreender grandes conceitos
- distribuir energia equilibradamente
- ser inovador
- ser criativo
- ser intuitivo
- ver interiormente

- fazer contato com a essência de tudo
- ajudar
- restaurar
- educar
- salvar
- ser abrangente
- ser magnético
- pacificar
- ser adaptável
- negociar
- comunicar com clareza
- planejar

- administrar o tempo
- estudar
- filosofar
- criar estratégias
- discernir
- abstrair
- analisar
- perseverar
- ser pontual
- organizar
- ser flexível
- mudar
- transformar

2º ESTÁGIO

Entrando em contato com a sua ação no mundo: o seu fazer

Neste estágio, você vai perceber as diferentes maneiras de sua atuação no mundo. O que você faz que lhe dá um sentido de plenitude? O que você ama fazer?

1. Faça uma lista das coisas que você mais gosta de fazer, mesmo que não tenha se permitido fazê-las nos últimos tempos.
2. Em seguida, olhe para sua lista e veja as relações existentes entre as coisas que você faz. Veja se há elementos que convergem para uma mesma direção.
3. Selecione as palavras que convergem para um mesmo sentido até que você possa priorizar apenas três itens de sua lista.

Alguns exemplos do "fazer":

- orquestrar esforços coletivos
- orientar crianças
- coordenar grupos
- tomar decisões
- liderar grupos

- destruir o velho e construir o novo
- construir inventos
- dar início a novos projetos
- conciliar pelo perdão

- educar pessoas
- sintetizar questões diversificadas
- estudar
- despertar a consciência humana
- administrar o potencial humano
- inventar
- fazer descobertas
- pintar
- gerar equilíbrio
- realizar sonhos

- pesquisar
- questionar
- expressar curiosidade
- estimular curiosidade
- provar cientificamente
- estimular otimismo
- criar ordem e ritmo
- plantar
- meditar

3º ESTÁGIO

Entrando em contato com valores/qualidades/atitudes: o que se pode ter de mais **valioso**

Neste estágio você vai entrar em contato com o mundo que o cerca e buscar um centro interior de serenidade. Veja que fatos, imagens e situações emergem em sua consciência.

1. Anote os elementos-chave que você gostaria de ver manifestados no mundo. Veja que valores essenciais, atitudes e qualidades você gostaria de ajudar a manifestar. Em que tipo de mundo você gostaria de viver? Faça uma lista desses valores/ qualidades/ atitudes.
2. Perceba quais as relações existentes entre esses valores/ qualidades/ atitudes, como eles convergem para um ponto de síntese; quais os que podem ser inclusivos uns nos outros.
3. Selecione três itens da sua lista, aqueles que você mais gostaria de ajudar a manifestar.

Alguns exemplos de valores/qualidades/atitudes:

- retidão de caráter
- positividade
- equanimidade
- leveza
- calma

- clareza
- amor ao próximo como a si mesmo
- compaixão
- amor à natureza

- altruísmo
- imparcialidade
- dignidade
- afeição
- generosidade
- confiança
- pureza
- equilíbrio
- exatidão
- liberdade

- sinceridade
- justiça
- perfeição
- independência
- dedicação
- reverência pela vida
- doação
- mentalidade aberta
- interdependência

4º ESTÁGIO
Criando a sua afirmação de propósito

Agora você tem os elementos para criar a sua afirmação. Complete o quadro a seguir com os dados que você selecionou em cada estágio anterior.

Faça qualquer ajuste semântico que seja necessário e celebre o seu encontro com a sua afirmação de propósito.

O propósito de minha vida é expressar e aplicar minha capacidade de (preencha com o item selecionado no 1º estágio)

_____

por meio de (preencha com os itens selecionados no 2º estágio)

- _____
- _____
- _____

para ajudar a cocriar um mundo/sociedade onde prevaleçam (preencha com os itens selecionados no 3º estágio):

- _____
- _____
- _____

ANEXO 3
Tipos de Poder

Fonte: Tom Coelho (www.tomcoelho.com)

A seguir você encontrará 28 pares de razões apresentadas por líderes empresariais quando questionados sobre a forma como exercem o poder sobre seus subordinados. Leia cada par de respostas e decida qual delas melhor descreve **seu comportamento**. Utilize a seguinte escala:

0 = resposta pouco provável
1 = resposta possível
2 = resposta bem provável
3 = resposta muito provável

Distribua um total de 3 pontos entre cada par de respostas como nos exemplos a seguir:

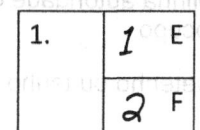

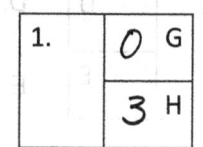

1.			1.			1.			1.		
	3	A		2	C		1	E		0	G
	0	B		1	D		2	F		3	H

As pessoas que trabalham comigo seguem minhas solicitações porque:

1.		A
		B

A. Posso penalizar quem não coopera comigo.
B. Posso recompensar quem coopera comigo.

2.		C
		D

C. Respeitam meus conhecimentos, atitudes e decisões.
D. Minha autoridade decorre da posição hierárquica que ocupo.

3.	E	E. Detenho ou tenho acesso a informações valiosas.
	F	F. Convenço as pessoas a fazerem até atividades que não apreciam.

4.	G	G. Percebem que tenho ligação com pessoas influentes e importantes.
	H	H. Admiram e se espelham em meu estilo de liderança.

5.	C	C. Respeitam meus conhecimentos, habilidades, atitudes e decisões.
	A	A. Posso penalizar quem não coopera comigo.

6.	E	E. Detenho ou tenho acesso a informações valiosas.
	H	H. Admiram e se espelham em meu estilo de liderança.

7.	D	D. Minha autoridade decorre da posição hierárquica que ocupo.
	E	E. Detenho ou tenho acesso a informações valiosas.

8.	B	B. Posso recompensar quem coopera comigo.
	C	C. Respeitam meus conhecimentos, habilidades, atitudes e decisões.

9.	A	A. Posso penalizar quem não coopera comigo.
	D	D. Minha autoridade decorre da posição hierárquica que ocupo.

10.	F	F. Convenço as pessoas a fazerem até atividades que não apreciam.
	D	D. Minha autoridade decorre da posição hierárquica que ocupo.

11.	E
	C

E. Detenho ou tenho acesso a informações valiosas.

C. Respeitam meus conhecimentos, habilidades, atitudes e decisões.

12.	D
	B

D. Minha autoridade decorre da posição hierárquica que ocupo.

B. Posso recompensar quem coopera comigo.

13.	E
	A

E. Detenho ou tenho acesso a informações valiosas.

A. Posso penalizar quem não coopera comigo.

14.	D
	G

D. Minha autoridade decorre da posição hierárquica que ocupo.

G. Percebem que tenho ligação com pessoas influentes e importantes.

15.	C
	F

C. Respeitam meus conhecimentos, habilidades, atitudes e decisões.

F. Convenço as pessoas a fazerem até atividades que não apreciam.

16.	B
	E

B. Posso recompensar quem coopera comigo.

E. Detenho ou tenho acesso a informações valiosas.

17.	A
	F

A. Posso penalizar quem não coopera comigo.

F. Convenço as pessoas a fazerem até atividades que não apreciam.

18.	H
	D

H. Admiram e se espelham em meu estilo de liderança.

D. Minha autoridade decorre da posição hierárquica que ocupo.

| 19. | G | G. Percebem que tenho ligação com pessoas influentes e importantes. |
| | C | C. Respeitam meus conhecimentos, habilidades, atitudes e decisões. |

| 20. | F | F. Convenço as pessoas a fazerem até atividades que não apreciam. |
| | B | B. Posso recompensar quem coopera comigo. |

| 21. | G | G. Percebem que tenho ligação com pessoas influentes e importantes. |
| | A | A. Posso penalizar quem não coopera comigo. |

| 22. | F | F. Convenço as pessoas a fazerem até atividades que não apreciam. |
| | G | G. Percebem que tenho ligação com pessoas influentes e importantes. |

| 23. | C | C. Respeitam meus conhecimentos, habilidades, atitudes e decisões. |
| | H | H. Admiram e se espelham em meu estilo de liderança. |

| 24. | B | B. Posso recompensar quem coopera comigo. |
| | G | G. Percebem que tenho ligação com pessoas influentes e importantes. |

| 25. | H | H. Admiram e se espelham em meu estilo de liderança. |
| | A | A. Posso penalizar quem não coopera comigo. |

ANEXO 3 - **149**

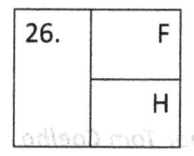

26.	F
	H

F. Convenço as pessoas a fazerem até atividades que não apreciam.

H. Admiram e se espelham em meu estilo de liderança.

27.	G
	E

G. Percebem que tenho ligação com pessoas influentes e importantes.

E. Detenho ou tenho acesso a informações valiosas.

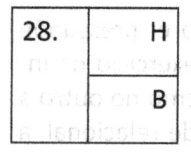

28.	H
	B

H. Admiram e se espelham em meu estilo de liderança.

B. Posso recompensar quem coopera comigo.

Revise o questionário e some todos os pontos referentes aos itens A, B, C, D, E, F, G e H.

Indique o total de cada categoria nos espaços a seguir.

Observe que o total desses pontos deve ser igual a 84.

A	B	C	D	E	F	G	H	Total
								84

ANEXO 3B
Liderança e Poder

* por Tom Coelho

O poder, em si, não constitui uma garantia moral:
o poderoso pode ter a espada na mão, mas nem por isso é dono do bem.
Contardo Calligaris

A liderança é uma competência de caráter relacional, isto é, pressupõe uma relação entre duas ou mais pessoas fundamentada no exercício da influência. A regra é despertar o desejo, o interesse e o entusiasmo no outro a fim de que adote comportamentos ou cumpra tarefas. Além de relacional, a liderança também pode ser situacional, ou seja, determinada pelas circunstâncias.

O poder é o exercício da liderança. Em verdade, inexiste isoladamente, pois o que encontramos são relações de poder. Assim, é notório que se questione: como o poder é exercido por um líder?

Muitos são os estudos acerca dos tipos, bases e fontes de poder. Mencionamos, por exemplo, LIKERT e LIKERT (1979), KRAUSZ (1991), SALAZAR (1998) e ROBBINS (2002), mas ressaltando que todos beberam de alguma forma nos escritos de FRENCH e RAVEN (1959).

Fazendo uma compilação destes estudos, identificamos as seguintes formas de poder:

A. Poder por coerção. Baseia-se na exploração do medo. O líder demonstra que poderá punir o subordinado que não cooperar com suas decisões ou que adotar uma postura de confronto ou indolência. As sanções podem ser desde a delegação de tarefas indesejáveis, passando pela supressão de privilégios, até a obstrução do desenvolvimento do profissional dentro da organização. Pode ser exercido por meio de ameaças verbais ou não verbais, mas devido ao risco de as atitudes do líder serem qualificadas como assédio moral, o mais comum é retaliar o empregado, afastando-o de reuniões e eventos importantes, avaliando seu desempenho desfavoravelmente ou simplesmente demitindo-o.

B. Poder por recompensa. Baseia-se na exploração de interesses. A natureza humana é individualista e, quase sempre, ambiciosa. Ao propor incentivos, prêmios e favores, o líder eleva o comprometimento da equipe, fazendo-a trabalhar mesmo sem supervisão. A recompensa pode ser pecuniária, ou seja, em dinheiro, ou mediante reconhecimento e felicitações públicas. O risco de se usar este expediente como principal artifício para exercício do poder é vincular a motivação das pessoas e sua eficiência a algum tipo de retorno palpável e de curto prazo, inclusive enfraquecendo a autoridade do líder.

C. Poder por competência. Baseia-se no respeito. O líder demonstra possuir preparo adequado ao cargo que ocupa, bem como comportamentos dignos e assertivos. Os subordinados reconhecem esta competência e a respeitam veladamente. Um exemplo fora do mundo corporativo é a aceitação de uma prescrição médica, porque respeitamos o título do médico e seguimos seu receituário mesmo sem conhecer o profissional previamente ou o princípio ativo do medicamento.

D. Poder por legitimidade. Baseia-se na hierarquia. A posição organizacional confere ao líder maior poder quanto mais elevada sua colocação no organograma. É uma autoridade legal e tradicionalmente aceita, porém não necessariamente respeitada. Um exemplo típico é o poder que emana do "filho do dono" que pode ser questionado, embora raramente contestado, se sua inexperiência for evidenciada.

E. Poder por informação. Baseia-se no conhecimento. O líder, por deter a posse ou o acesso a dados e informações privilegiadas, exerce poder sobre pessoas que necessitam destas informações para realizar seus trabalhos. Note-se que o mero acesso a informações valiosas é suficiente para conferir poder a estas pessoas. É o caso das secretárias de altos executivos.

F. Poder por persuasão. Baseia-se na capacidade de sedução. O líder usa de argumentos racionais e/ou emocionais para envolver e convencer seus interlocutores da necessidade ou conveniência de realizarem certas tarefas, aceitarem decisões ou acreditarem em determinados projetos. Trabalha com base em aspectos comportamentais buscando ora inspirar, ora dissuadir os subordinados, de acordo com os objetivos pretendidos.

G. Poder por ligação. Baseia-se em relações. O líder apropria-se de sua rede de relacionamentos para alcançar favores ou evitar desfavores de pessoas influentes. Em tempos de desenvolvimento das chamadas redes sociais on-line, ampliar e usar relações interpessoais constitui vantagem comparativa significativa.

H. Poder por carisma. Baseia-se na exploração da admiração. O líder adota um estilo envolvente, enérgico e positivo e alcança a obediência porque seus liderados simplesmente gostariam de ser como ele. As pessoas imitam-no, copiam-no, admiram-no com a finalidade de identificação.

Dentre todas as categorias apresentadas, não devemos idealizar uma forma de poder específica. Não há certo ou errado. Há o adequado. Em verdade, o mais indicado é que um líder saiba como, onde e quando exercer seu poder de acordo com o perfil dos subordinados, das circunstâncias e de seus objetivos. Assim, o poder carismático ou por recompensa podem proporcionar maior adesão e atração por suas ideias, da mesma maneira que o poder legítimo ou por coerção podem acarretar resistência por parte dos subordinados.

*****Tom Coelho** é educador, conferencista e escritor com artigos publicados em 17 países. É autor de ***Somos Maus Amantes – Reflexões sobre carreira, liderança e comportamento*** (Flor de Liz, 2011), ***Sete Vidas – Lições para construir seu equilíbrio pessoal e profissional*** (Saraiva, 2008) e coautor de outras cinco obras. Contatos através do e-mail tomcoelho@tomcoelho.com.br. Visite: www.tomcoelho.com.br

ANEXO 4
Roda da Vida

Avalie qual o seu nível de satisfação atual em cada uma das áreas da sua vida.

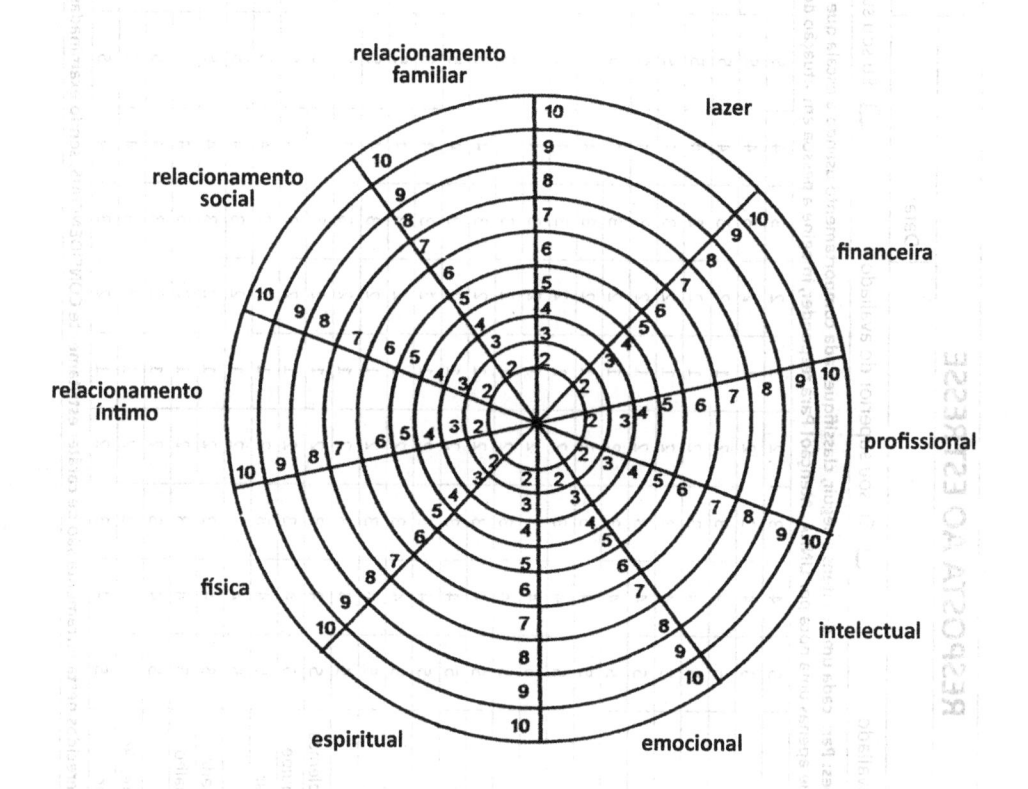

Qual dessas áreas, ao colocar um pouco mais de foco, você irá conseguir alavancar várias outras áreas da sua vida?

RESPOSTA AO ESTRESSE

ANEXO 5
Avaliação 360°

Pessoa foco da análise: _____ Data: _____

☐ Eu sou par do avaliado ☐ Eu sou superior do avaliado ☐ Eu sou subordinado do avaliado

Instruções: Para cada um dos itens a seguir, classifique cada comportamento usando a escala que vai de 1 a 5. Marque apenas uma nota por LINHA. Atenção! Para responder, imagine a pessoa em situação de estresse.

Rígido	5	4	3	2	1	Flexível
Inacessível	5	4	3	2	1	Acessível
Pouca energia	5	4	3	2	1	Energético
Desaba facilmente	5	4	3	2	1	Firme
Medroso	5	4	3	2	1	Desafia-se
Humor instável	5	4	3	2	1	Humor equilibrado
Pouco competitivo	5	4	3	2	1	Competitivo
Dependente	5	4	3	2	1	Autossuficiente
Não se compromete	5	4	3	2	1	Envolvido
Pouco amigável	5	4	3	2	1	Amigável
Passivo	5	4	3	2	1	Assertivo
Inseguro	5	4	3	2	1	Confiante
Impaciente	5	4	3	2	1	Paciente
Indisciplinado	5	4	3	2	1	Disciplinado
Pessimista	5	4	3	2	1	Otimista
Fechado a mudanças	5	4	3	2	1	Aberto a mudanças
Desmotivado	5	4	3	2	1	Motivado
Não consegue resolver problemas	5	4	3	2	1	Bom solucionador de problemas
Não sabe trabalhar em equipe	5	4	3	2	1	Trabalha em equipe
Não gosta de se arriscar	5	4	3	2	1	Gosta de se arriscar
Fora da forma física	5	4	3	2	1	Está em boa forma física
Linguagem corporal fechada	5	4	3	2	1	Linguagem corporal aberta
Não sabe ser leve no trabalho	5	4	3	2	1	Sabe ser leve no trabalho
Defensivo	5	4	3	2	1	Receptivo
Paralisa em situações de pressão		4	3	2	1	Proativo
Pouco senso de humor	5	4	3	2	1	Bom senso de humor

As respostas oferecidas nesta ferramenta são de caráter estritamente CONFIDENCIAIS, sendo examinadas apenas pelo Coach.

ANEXO 6
O Efeito Sombra: QUESTIONÁRIO

Somente quando temos coragem para enfrentar as coisas exatamente como elas são, sem qualquer autoengano ou ilusão, é que uma luz surgirá dos acontecimentos, pela qual o caminho do sucesso poderá ser reconhecido.

I Ching

1. Há quanto tempo você vem trabalhando os mesmos assuntos, seja na carreira, na saúde, nos relacionamentos pessoais ou nas finanças?
A) Menos de doze meses.
B) Um a três anos.
C) Mais de cinco anos.
D) Mais de dez anos.

2. Nos últimos doze meses, quantas vezes você guardou algo importante no lugar errado, recebeu uma multa de trânsito, teve um acidente ou destruiu algo de valor?
A) Nenhuma.
B) Uma ou duas.
C) Mais de cinco vezes.
D) Mais de dez vezes.

3. Com que frequência você se sente falso, inautêntico, ou acha que precisa de muito esforço para fazer com que as pessoas o vejam de determinada maneira?
A) O tempo todo.
B) Ocasionalmente.
C) Quase nunca.
D) Nunca.

4. Se seus amigos, colegas de trabalho e familiares fossem entrevistados, eles diriam que você reclama...
A) Raramente, ou nunca.
B) Talvez uma vez por dia.
C) Frequentemente.
D) O tempo todo.

5. Nos últimos doze meses, quantas vezes você disse ou fez algo de que se arrependeu depois, seja imediatamente ou com o passar do tempo?
A) Nenhuma.
B) Uma ou duas vezes.
C) Mais de cinco vezes.
D) Mais de dez vezes.

6. Depois de uma realização pessoal – alcançar o peso desejado, pagar as contas de seu cartão de crédito, organizar casa ou escritório etc. –, quais das emoções a seguir você é mais inclinado a sentir?
A) Aliviado por ter conseguido, mas cauteloso para não voltar aos antigos comportamentos.
B) Orgulhoso, no direito de receber um prêmio por todo seu trabalho duro!
C) Inspirado por seu sucesso e comprometido a continuar o bom trabalho.
D) Ressentido por precisar trabalhar tanto.

7. Com que frequência você percebe que está se sentindo inadequado, indigno, insuficientemente bom ou não amado?
A) O tempo todo.
B) Ocasionalmente.
C) Quase nunca.
D) Nunca.

8. Numa escala de 1 a 10, que disposição você tem de falar a verdade, mesmo quando ela vai de encontro à opinião dos outros?
A) 8 a 10 - Sou muito disposto a falar a verdade.
B) 5 a 7 - Na maioria do tempo estou disposto a falar a verdade.

C) 3 a 5 - Ocasionalmente estou disposto a falar a verdade.
D) 1 a 2 - Quase nunca estou disposto a falar a verdade.

9. Qual é o foco primário de sua vida nesse momento?
A) Avançar na carreira, melhorar a saúde, construir riqueza ou aprofundar relacionamentos.
B) Administrar relacionamentos desgastados ou "apagar incêndios" no trabalho ou em casa.
C) Fazer um progresso mensurável na direção de seus objetivos ao longo de um período razoável de tempo.
D) Tentar desviar ou evitar o desastre imediato nas finanças, nos relacionamentos ou na carreira.

10. Com que porcentagem de seu tempo você pode dizer que honra sua palavra e suas promessas – seja a si mesmo ou aos outros?
A) Menos de 10%.
B) Menos de 25%.
C) Aproximadamente metade do tempo.
D) A maior parte do tempo.

11. Quanto tempo você gasta diariamente com fofoca – seja sobre alguém que você conhece, lendo tabloides ou assistindo a programas de fofoca na televisão?
A) Tempo algum.
B) Menos de uma hora por hora.
C) Mais de uma hora por dia.
D) Mais de três horas por dia.

12. Qual das afirmações a seguir você usaria para descrever sua vida?
A) Na maior parte do tempo as coisas funcionam para mim com certa facilidade.
B) Eu tenho muitos talentos e dons, mas não os utilizo em seu total potencial.
C) Sou perseguido pelo azar e me vejo numa situação ruim após a outra.
D) Preciso trabalhar duro só para manter a média.

13. Quantas horas por dia você passa trabalhando para atingir seus objetivos de longo prazo?

A) Nenhuma.
B) Menos de vinte minutos por dia.
C) Uma hora ou mais por dia.
D) Você não tem objetivos de longo prazo.

14. Com que frequência você se sente maltratado, incompreendido ou como se alguém tirasse proveito de você tanto na vida pessoal quanto na profissional?

A) Todo dia.
B) Frequentemente.
C) Ocasionalmente.
D) Raramente ou nunca.

15. Quando lhe pedem que faça algo que você não tem interesse em fazer, você fica mais inclinado a:

A) Dizer não, de consciência tranquila.
B) Dizer não, mas se sentir culpado por isso.
C) Dizer sim, mas não cumprir.
D) Dizer sim, mas se ressentir por isso.

16. Imagine que sua vida é uma casa com muitos cômodos – de alguns, você gosta, de outros, tem vergonha. Quantas pessoas você permite ver todos os seus cômodos?

A) Ninguém.
B) Uma pessoa significativa – cônjuge, amante, melhor amigo ou irmão etc.
C) Um pequeno punhado de pessoas me conhece tão bem assim.
D) Há muita gente em minha vida que me conhece tão bem assim.

17. Quando você se sente magoado por alguém ou algo, o que tende a fazer?

A) Guarda para você.
B) Reflete, perdoa e segue em frente.
C) Confronta a situação.
D) Fala a respeito com todos, menos com a pessoa envolvida.

18. Quando você tem um impulso ou uma ideia de como melhorar algum aspecto de sua vida, o que faz?

A) Ignora completamente.
B) Dá alguns passos na direção certa, mas raramente vê o projeto chegar até a linha final.
C) Diz a si mesmo que "um dia desses, eu faço".
D) Cria uma estrutura de apoio ao redor de si mesmo para garantir que você entre em ação.

19. Na última vez que você se viu, inesperadamente, com um período de tempo livre, o que fez?

A) Desperdiçou, fazendo compras em catálogos, vendo televisão ou navegando na internet.
B) Usou a oportunidade para seguir adiante em um projeto importante.
C) Relaxou e se rejuvenesceu tirando um cochilo, meditando ou lendo.
D) Sua vida é tão caótica que você nem consegue se lembrar de quando teve um tempo livre inesperado.

20. Quando você comete um erro, o que é mais provável que faça?

A) É gentil consigo mesmo e resolve fazer as coisas de forma diferente no futuro.
B) Coloca as coisas em perspectiva, reconhecendo a si mesmo pelo que fez certo.
C) Cai na autocrítica.
D) Interpreta seu erro como uma evidência de que você é incompetente e para de tentar.

Calcule sua Pontuação – no gabarito a seguir, circule a resposta que você escolheu para cada pergunta e, ao terminar, some os pontos.

O EFEITO SOMBRA – AVALIAÇÃO

Pergunta 1

A = 1, B = 3, C = 5, D = 8

Pergunta 2

A = 1, B = 3, C = 5, D = 8

Pergunta 3

A = 5, B = 3, C==1, D = 0

Pergunta 4

A = 0, B=1, C = 3, D = 5

Pergunta 5

A = 0, B = 1, C = 3, D = 5

Pergunta 6

A = 0, B = 5, C = 0, D = 3

Pergunta 7

A = 5, B = 3, C = 1, D = 0

Pergunta 8

A = 0, B = 1, C = 3, D = 5

Pergunta 9

A = 0, B = 3, C = 0, D = 5

Pergunta 11

A = 0, B = 3, C = 5, D = 8

Pergunta 12

A = 0, B = 3, C = 5, D = 3

Pergunta 13

A = 5, B = 3, C = 0, D = 5

Pergunta 14

A = 5, B = 3, C=1, D = 0

Pergunta 15

A = 0, B = 3, C = 3, D = 5

Pergunta 16

A = 5, B = 3, C = 1, D = 0

Pergunta 17

A= 5, B = 0, C = 1, D = 5

Pergunta 18

A = 5, B = 3, C = 3, D = 0

Pergunta 19

A = 5, B = 0, C = 0, D = 3

Pergunta 10

A = 8, B = 5, C = 3, D = 1

Pergunta 20

A = 0, B = 0, C = 5, D = 5

TOTAL DE PONTOS = _____

AGORA DESCUBRA COMO O EFEITO SOMBRA ESTÁ AGINDO EM SUA VIDA.

Se marcou entre 3 e 37 pontos: Você está na zona neutra, o que significa que está livre (por hora) de muitas crenças e ferimentos internos que dão origem aos comportamentos destrutivos causados por sua sombra. Você possui uma elevada autoestima, suas ações estão proximamente alinhadas aos seus valores e você provavelmente está realizando um progresso em direção aos seus objetivos de longo prazo. Continue amando e ouvindo a si mesmo.

Se marcou entre 38 e 75 pontos: Talvez você não esteja vivenciando totalmente o peso e o impacto da sombra nesse momento, mas, provavelmente, está empregando muito esforço para reprimir e esconder partes que desgosta de si mesmo e de sua vida. A energia que está usando para impedir que as coisas fujam ao controle — seja no trabalho, em casa, ou em relação à saúde e bem-estar — estaria mais bem empregada se fosse direcionada na obtenção de seus objetivos e desejos.

Se marcou entre 76 e 112 pontos: Ou você gasta muito tempo e energia tentando administrar a opinião alheia a seu respeito, ou está profundamente resignado quanto às condições de sua vida. Isso é a sombra trabalhando, e ela o paralisa na tomada de ações corretivas. Se for deixada à revelia, o caos interno que está vivenciando pode levá-lo ao caminho do desastre. No entanto, a boa notícia é que cada ato de sabotagem própria apresenta uma oportunidade de despertá-lo ao que é verdadeiramente importante. Abra seu coração, examine a sombra e você começará a ver como a sua dor mais profunda, quando digerida e compreendida, é moldada para levá-lo ao seu destino maior.

O trabalho com a sombra é o trabalho do guerreiro do coração.

Fonte: TheShadowEjfect.com

ANEXO 7
Diagrama de Campo de Forças

A análise do Campo de Forças é uma ferramenta que foi desenvolvida por Kurt Lewin, um renomado pesquisador no campo das Ciências Sociais. No Coaching, utilizamos esta ferramenta para diagnosticar situações e promover a otimização dos resultados.

Através da análise do Campo de Forças podemos identificar as forças de propulsão e de retenção em cada situação analisada, bem como encontrar caminhos para equilibrar estas forças, atuando de forma a potencializar os aspectos positivos e minimizar os negativos.

No processo de Coaching, trabalhamos com questionamentos que permitam refletir sobre a situação atual do indivíduo, a distância em relação aos seus objetivos e verificar formas de torná-los realizáveis.

Vamos iniciar o processo:

Análise do Campo de Forças:

Acompanhe os passos abaixo junto ao diagrama em anexo.

Passo 1: Defina sua situação atual. (O Problema) - Descreva o problema que você está enfrentando e que deseja encontrar uma solução.

Passo 2: Defina o seu objetivo (Resultado Esperado) – Descreva, de forma sucinta, como seria o resultado esperado da solução deste problema. A melhor forma para que você se sinta plenamente satisfeito.

Passo 3: Identifique todas as possíveis forças impulsionadoras - Faça uma lista das possíveis forças impulsionadoras que podem lhe auxiliar neste processo.

Passo 4: Identifique todas as possíveis forças contrárias - Faça uma segunda lista com as forças contrárias que podem prejudicar ou interferir no desenvolvimento deste processo.

Passo 5: Análise as forças, concentrando-se em:
- Redução das forças contrárias de resistência
- Fortalecimento ou adição de forças impulsionadoras e favoráveis ao processo.

Passo 6: Desenvolva um plano de ação para atender os itens anteriores - O Plano de ação deve ser algo prático e que você possa iniciar sem dependência de terceiros e que apresente um resultado positivo para você e o meio no qual você convive. Toda mudança provém da ação. Se criarmos um plano de ação ágil, teremos um índice muito maior de mudança. É sempre bom lembrar que qualquer processo de coaching deve ser desenvolvido visando atitudes reais e concretas, e que ter determinação para sair da zona de conforto, e tomar uma atitude, é o principal princípio de qualquer processo de desenvolvimento pessoal.

ANÁLISE DO CAMPO DE FORÇA – DIAGRAMA

1 - Situação Atual	2 - Situação Desejada
3 - Forças Impulsionadoras	**4 - Forças Contrárias**
6 - Plano de Ação	

ANEXO 8
Fatores de Sucesso

Richard Saint John, autor do livro *Os oito segredos do sucesso*, após entrevistar 500 pessoas de sucesso, chegou à conclusão de que os ingredientes para o sucesso são os seguintes:

1. Paixão: Ame o que você faz e trabalhe pela paixão, e não pelo dinheiro, e você verá a compensação financeira chegar como consequência.
2. Trabalho: as pessoas de sucesso trabalham muito e sentem prazer nisso.
3. Foco: canalize seus esforços para seus objetivos.
4. Esforço: supere suas limitações físicas e mentais.
5. Ideias: cultive-as e implemente-as.
6. Aperfeiçoamento: melhoria contínua é o segredo.
7. Servir: ofereça às pessoas algo inestimável e de valor.
8. Persista: porque o sucesso não ocorre do dia para a noite e você passará por vários fracassos antes de vencer.

Agora é a sua vez: complete a lista indicando mais dois fatores que são seus diferenciais e que podem conduzi-lo ao sucesso:

9. _____
_____
_____

10. _____
_____
_____

ANEXO 9
Matriz de Comportamento de Alta Performance

Nossos pontos fortes demonstram os aspectos pelos quais somos diferenciados. Potencializá-los depende somente da determinação em aprimorá-los através de treino e reavaliações constantes, sabendo que quanto maior o esforço, melhor será o resultado.

No processo de autodesenvolvimento vale dizer que o investimento maior deve ser feito no sentido de implementar melhorias no que tange aos nossos pontos fortes, uma vez que desenvolver as aptidões para as quais já somos propensos é bem mais fácil e prazeroso. Além disso, fortalecendo ainda mais seus pontos positivos, você estará melhor preparado para superar ou neutralizar os aspectos não desejados em sua personalidade/ comportamento.

Procure desenvolver hábitos que mobilizem consistentemente seus talentos, sabendo que o treino conduz à melhoria contínua e ao aprimoramento.

Para identificar seus pontos fortes, responda quais são as cinco qualidades/ características que você possui e que te permitem se relacionar bem com cada um dos níveis abaixo:

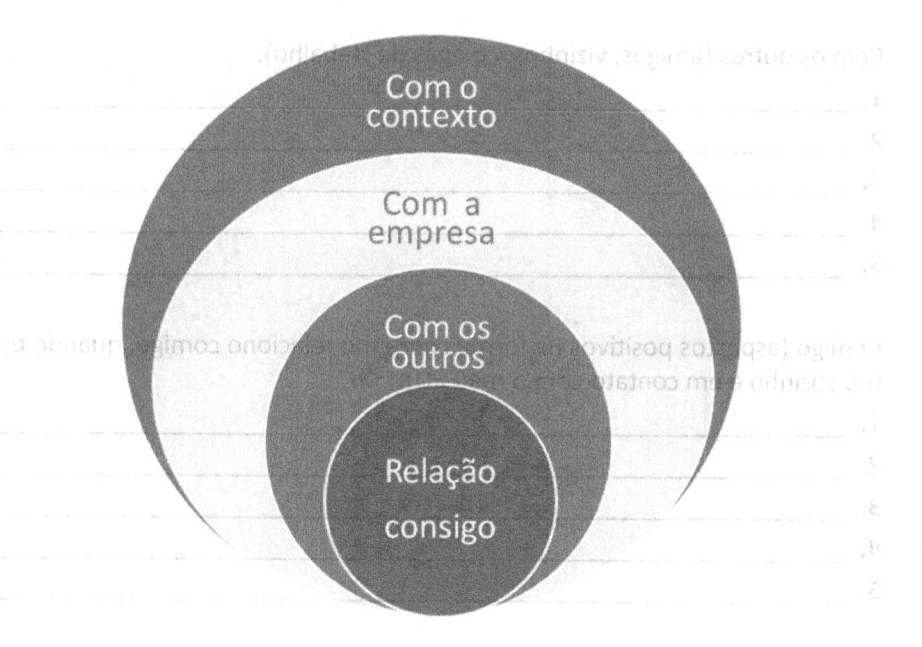

- Com o contexto
- Com a empresa
- Com os outros
- Relação consigo

Minhas qualidades/ características que me permitem bom relacionamento:

Com o contexto (ambientes onde costumo estar inserido tais como família, associações, clubes):
1. _____
2. _____
3. _____
4. _____
5. _____

Com a empresa (local onde trabalho):
1. _____
2. _____
3. _____
4. _____
5. _____

Com os outros (amigos, vizinhos, colegas de trabalho):
1. _____
2. _____
3. _____
4. _____
5. _____

Comigo (aspectos positivos na forma como me relaciono comigo, quando estou sozinho e em contato com o meu EU):
1. _____
2. _____
3. _____
4. _____
5. _____

ANEXO 10
Formulário de Reavaliação

Já caminhamos bastante em seu processo de autodesenvolvimento e provavelmente você já apresentou progressos nas competências desejadas no Líder Coach Transformador. É hora então de você realizar uma autoavaliação sincera acerca de cada um dos itens nos quais sua equipe lhe avaliou no início do processo.

A seguir você encontrará os comportamentos listados na avaliação 360° e deverá atribuir-se uma nota de 1 a 10 em cada um dos itens.

Comportamentos	Nota que você se atribui atualmente (faça um círculo ao redor da nota escolhida)									
Flexível	1	2	3	4	5	6	7	8	9	10
Acessível	1	2	3	4	5	6	7	8	9	10
Energético	1	2	3	4	5	6	7	8	9	10
Firme	1	2	3	4	5	6	7	8	9	10
Desafia-se	1	2	3	4	5	6	7	8	9	10
Humor equilibrado	1	2	3	4	5	6	7	8	9	10
Competitivo	1	2	3	4	5	6	7	8	9	10
Autossuficiente	1	2	3	4	5	6	7	8	9	10
Envolvido	1	2	3	4	5	6	7	8	9	10
Amigável	1	2	3	4	5	6	7	8	9	10
Assertivo	1	2	3	4	5	6	7	8	9	10
Confiante	1	2	3	4	5	6	7	8	9	10
Paciente	1	2	3	4	5	6	7	8	9	10
Disciplinado	1	2	3	4	5	6	7	8	9	10
Otimista	1	2	3	4	5	6	7	8	9	10
Aberto a mudanças	1	2	3	4	5	6	7	8	9	10
Motivado	1	2	3	4	5	6	7	8	9	10
Bom solucionador de problemas	1	2	3	4	5	6	7	8	9	10
Trabalha em equipe	1	2	3	4	5	6	7	8	9	10
Gosta de se arriscar	1	2	3	4	5	6	7	8	9	10
Está em boa forma física	1	2	3	4	5	6	7	8	9	10
Linguagem corporal aberta	1	2	3	4	5	6	7	8	9	10
Sabe ser leve no trabalho	1	2	3	4	5	6	7	8	9	10
Receptivo	1	2	3	4	5	6	7	8	9	10
Proativo	1	2	3	4	5	6	7	8	9	10

ANEXO 11
Plano de Ação do Coach

Para facilitar o seu trabalho como Coach, vou apresentar a seguir uma lista de ações que você irá realizar nas sessões de coaching, na ordem em que deverão acontecer.

1. Abrir inscrições para o trabalho de Coaching entre seus liderados.
2. Selecionar os dois primeiros candidatos que serão atendidos.

Reunião de esclarecimento:

3. Em reunião individual, combinar com cada um dos coachees as questões logísticas (acordo, local do encontro e horário, confidencialidade, materiais, orientações básicas).
4. Apresente os principais conceitos e nomenclaturas (coach, coaching, coachee). Esclareça ao seu coachee que a ferramenta número 1 do coaching é a pergunta.
5. Fale sobre os papéis do Coach Palestrante (Apoiador estratégico, Transformador de paradigmas, Estimulador do desenvolvimento interpessoal).
6. Apresente os 10 mitos e verdades sobre o coaching.
7. Agendem a data, horário e local da primeira sessão.

1ª sessão de Coaching:

8. Faça a coleta de dados e a aliança inicial (metas iniciais, escuta ativa, sinalize desafios e oportunidades).
9. Estabeleça uma Visão de Futuro (declaração da missão, valores).
10. Aplique o Formulário de Identificação do Propósito de Vida e Valores.
11. Aplique a Roda da Vida. Até aqui você está trabalhando com ele o primeiro princípio da Liderança Transformadora: Descubra quem você é. A seguir, você entrará com seu coachee no segundo princípio da Liderança Transformadora: Identifique como você é visto pelos outros.
12. Apresente a Avaliação 360° e explique como ele deverá aplicar em seu grupo de referência (10 a 12 avaliadores).
13. Apresente o questionário da coleta de dados C.L.I.E.R. Você pode aplicar as questões na hora e já anotar as respostas ou entregar para que

o coachee responda e traga na próxima sessão. Nesse caso, você deve se assegurar de que ele responderá as questões e te devolverá antes de aplicar a avaliação 360° para que o resultado desta não influencie as respostas do questionário C.L.I.E.R. Particularmente, prefiro aplicar o C.L.I.E.R. na hora e já anotar as respostas.

2ª sessão de Coaching:

14. O seu coachee pode estar bem impactado com os resultados das avaliações. Você deverá ajudá-lo a administrar isso trabalhando com ele o terceiro princípio da Liderança Transformadora: Aceite-se integralmente. Fale sobre o Efeito Sombra. Deixe-o desabafar. Não dê conselhos. Apenas ouça. Se ele estiver pronto para prosseguir, vocês partirão para a definição das metas e plano de ação. Se não estiver, utilize esta sessão apenas para ouvi-lo e dê mais uma tarefa de casa a ele: assistir ao filme A família do futuro.

3ª sessão de Coaching ou continuação da 2ª sessão:

15. Você ajudará o coachee a definir as metas dele (Meta de desenvolvimento ou estratégica e Meta de performance ou de competência). Utilize o Formulário de Definição de Metas e peça para que ele vá anotando as respostas. Se o coachee ainda estiver com dificuldade para definir por onde começar, que metas priorizar, as seguintes perguntas podem ajudar: Onde você gostaria de estar em um, três e cinco anos? De tudo isso que você enumerou, qual a meta mais importante para você aqui dentro da empresa hoje? Qual a competência que criaria maior impacto positivo agora para alcançar esta meta? Depois disso, aplique os cinco quesitos anteriores para ver se a meta está adequada (É específica? Mensurável? Alcançável? Relevante? Será alcançada em quanto tempo?

16. Se necessário, ajude-o a dividir as metas em minimetas.

17. Ajude-o a construir o Plano de Ação para alcançar esta meta. Utilize o formulário para confecção do Plano de Ação.

18. Faça com que o coachee busque no passado momentos de sucesso em relação ao que quer desenvolver.

19. Utilize-se das perguntas poderosas: o que ele vai fazer? Como vai fazer? Quando vai fazer?

20. Faça com que o coachee liste as ações que realizará com a data de entrega.

Peça para o coachee olhar cada uma das ações que traçou e dar uma nota de 0 a 10 para o quanto se sente preparado para colocá-las em prática. Se alguma nota for baixa, peça para que ele relate quais são os dificultadores e como poderia contorná-los.

21. Se o obstáculo for emocional, e se o coachee desejar, você pode propor usar uma técnica de role play ou a técnica de mentalização.

4ª sessão de Coaching ou 3ª sessão (dependendo da anterior ter sido desdobrada em duas ou não):

22. Peça para o coachee relatar suas ações e resultados.
23. Comemore cada pequeno progresso.
24. Faça com que ele avalie quais foram suas vitórias e o que precisa reformular. Para isso, utilize as perguntas poderosas e a técnica do gravador.
25. Trabalhe com ele o próximo plano de ação.

5ª sessão de Coaching:

26. Repita o procedimento da sessão anterior
27. Quando sentir necessidade de complementar as aprendizagens do coachee, utilize-se de tarefas de casa como a leitura de um livro, de um texto, ou mesmo assistir um filme relevante.

Demais sessões de Coaching:

28. Repita o procedimento da 5ª sessão. Quanto uma meta for alcançada, passe para a próxima meta e assim sucessivamente.

ANEXO 12
Formulário do Método C.L.I.E.R.

CULTURA:
1. A cultura da empresa onde você trabalha é mais hard ou mais soft?
2. E no passado, como era?
3. Como você gostaria que fosse no futuro?

LIDERANÇA:
4. E você, qual tipo de líder você é hoje?
5. Como era no passado?
6. Como gostaria de ser no futuro?

INFORMAÇÃO 360°:
7. Se eu estivesse entrevistando sua equipe, e se eles fossem absolutamente sinceros, o que diriam de você hoje?
8. E no passado?
9. E o que você gostaria que dissessem no futuro?
10. Se eu estivesse entrevistando seus amigos, cônjuges ou filhos, o que eles me diriam de positivo sobre você?
11. E o que eles reclamariam de você?

EXPERIÊNCIAS DIÁRIAS:
12. Quando você está fazendo o seu melhor, o que faz em termos relacionais?
13. E no seu pior?

ROLE MODELS (Modelos de referência):
14. Cite uma pessoa que você admira (pode ser de seu círculo de amizade, personalidade ou personagem). Quais são suas qualidades?
15. Cite dez momentos de definição em sua vida. Escolha momentos importantes que aconteceram sem que você escolhesse passar por eles. Por exemplo: separação dos pais. Relate também como você mudou após cada um deles.
16. Cite sete escolhas decisivas feitas por você e sua percepção de si mesmo em cada uma delas.
17. Cite cinco pessoas influentes em sua vida, positiva ou negativamente. Como cada uma delas influenciou você?

ANEXO 13
Formulário de Definição de Metas

Imagine-se alcançando os resultados que você deseja profundamente na vida. Quais seriam eles? Qual a sensação que eles lhe dão? Que palavras você usaria para descrevê-los?

Responda a estas perguntas. Use o tempo presente, como se estivesse acontecendo neste instante. Se as categorias não encaixarem exatamente nas suas necessidades, ajuste-as livremente. Prossiga até que um quadro completo do que você quer esteja preenchido nas páginas.

Autoimagem: Se você fosse exatamente o tipo de pessoa que queria, quais seriam suas qualidades?

_____
_____
_____
_____

Tangíveis: Que coisas materiais você gostaria de possuir?

_____
_____
_____

Lar: Qual é o seu ambiente de moradia ideal?

_____
_____
_____
_____

Saúde: Qual é o seu desejo em termos de saúde, aptidão física, atletismo, e qualquer outra coisa a ver com o seu corpo?

_____
_____
_____
_____
_____

Relações: Que tipo de relações você gostaria de ter com amigos, familiares e outros?

_____
_____
_____
_____
_____

Trabalho: Qual é a sua situação ideal em termos de profissão ou vocação? Que impacto você gostaria que seus esforços tivessem?

_____
_____
_____
_____
_____

Projetos pessoais: O que você gostaria de criar na arena do aprendizado individual, de viagens, leituras ou outras atividades?

_____
_____
_____
_____
_____

Comunidade: Qual é a sua visão para a comunidade ou sociedade na qual vive?

_____
_____
_____
_____

Outros: O que mais, em qualquer outra área da sua vida, você gostaria de criar?

_____
_____
_____
_____

Propósito de vida: Imagine que sua vida tem um propósito único – realizado através do que você faz, das suas relações e do modo como você vive. Descreva esse propósito como outra reflexão das suas aspirações.

_____
_____
_____
_____

Agora você vai começar a delinear o caminho que pretende trilhar dentro de sua empresa e que resultados pretende alcançar. As perguntas a seguir o ajudarão a definir a direção.

Onde você gostaria de estar em um, três e cinco anos?

_____
_____
_____
_____

De tudo isso que você enumerou, qual é a meta mais importante para você aqui dentro da empresa hoje? **Essa é sua meta de desenvolvimento ou estratégica.**

_____
_____
_____
_____

Qual a competência que criaria maior impacto positivo agora para alcançar esta meta? **Esta é sua meta de performance ou competência.**

_____
_____
_____
_____
_____

O que você tem (qualidades, habilidades, competências) que lhe ajuda a conseguir alcançar a meta?

_____
_____
_____
_____
_____

E o que está faltando desenvolver?

_____
_____
_____
_____

ANEXO 14
Formulário para Confecção de Plano de Ação

META O que vai fazer?	ESTRATÉGIA Como?	CRONOGRAMA Quando?	RECURSOS Do que precisa?
1.			
2.			
3.			
4.			
5.			

ANEXO 15
Formulário de Possibilidades e Oportunidades

Agora é hora de começar a construir sua trajetória como palestrante. E nada acontece no mundo real se não tiver sido construído primeiro em sua imaginação.

Então nós vamos antecipar suas possibilidades de atuação através de um exercício de brainstorming. Para isso respondas as perguntas a seguir.

1. Faça uma lista dos possíveis temas de palestras que você pode criar e ministrar. Liste no mínimo dez deles.

_____
_____
_____
_____
_____
_____
_____
_____
_____
_____

2. Liste possíveis locais onde você poderia oferecer gratuitamente estas palestras, sendo no mínimo cinco locais.

_____
_____
_____
_____
_____
_____
_____
_____

ANEXO 16
Formulário Preparando a sua Atuação

No formulário a seguir você vai planejar sua atuação como palestrante. Tudo precisa ser planejado antecipadamente, pois quanto mais preparado você estiver, melhor será seu desempenho frente à audiência. Então vamos lá.

1. Conhecimento da realidade. Depois de conversar com o contratante, responda:

Qual é a necessidade do cliente? O que o incomoda hoje? Que tipo de problema ele quer eliminar/solucionar? Que outras ações foram feitas no passado para solucionar esse problema e quais foram os resultados? Quem é o público-alvo? Qual é o espaço físico e o tempo que ele dispõe para realizar o trabalho?

_____
_____
_____
_____
_____
_____
_____

2. Definição de objetivos. Anote seu objetivo principal a ser alcançado e os objetivos específicos, se houverem.

_____
_____
_____
_____
_____
_____

3. Seleção e organização dos conteúdos. Que conteúdos serão ministrados e em que sequência? Qual o tempo disponível para cada um deles?

_____
_____
_____

4. Seleção e organização da metodologia. Defina se você vai utilizar aula exposito-participativa, discussões em grupo, dinâmicas de grupo, filmes, músicas. Lembre-se de já escolher especificamente o que vai usar e deixar preparado para o momento de aplicação.

5. Seleção e organização dos recursos. Você vai precisar de flip-chart, DVD, o projetor multimídia (data-show), caixas de som? Especifique a seguir.

6. Seleção de procedimentos de avaliação. Defina como a retenção da aprendizagem será medida.

ANEXO 17
Sugestões de Filmes para Utilização em T&D

ATENDIMENTO AOS CLIENTES

- Duets – Vem Cantar Comigo
- Um Dia de Fúria
- Uma Linda Mulher
- Do que as Mulheres Gostam
- A Nova Onda do Imperador
- A Vida é Bela
- O Oitavo Dia
- Ghost – do Outro Lado da Vida
- Mensagem para Você
- Esqueceram de Mim
- Chocolate
- A Roda da Fortuna
- Colateral
- Como Perder um Homem em 10 dias
- Desafiando os Limites
- Melhor é Impossível
- Os Incríveis
- Procura-se um Amor que Goste de Cachorros
- Rede de Corrupção
- Se Eu Fosse Você
- Simplesmente Martha
- Voo Noturno

SENTIDO DA VIDA (NO TRABALHO)

- Titanic
- Um Sonho de Liberdade
- O Oitavo Dia
- Mensagem para Você
- Fogo Contra Fogo
- A Lenda do Pianista do Mar
- Alguém para Dividir os Sonhos
- 1492 - A Conquista do Paraíso
- Em Busca de Terra do Nunca
- Seabiscuit – Alma de Herói
- A Partilha
- O Expresso Polar
- Simplesmente Amor
- Robôs
- A Vida no Paraíso
- Lancelot – O Primeiro Cavaleiro
- Batman Begins
- De Encontro com o Amor
- Desafiando os Limites
- Estrada para a Glória
- Homem-Aranha 2
- Mar de Fogo
- Menina de Ouro
- O Diabo Veste Prada
- O Melhor Jogo da História
- Peixe Grande e Suas Histórias Maravilhosas

AUTOSSUPERAÇÃO/MAESTRIA PESSOAL

- Jerry Maguire, A Grande Virada
- Perfume de Mulher
- Forest Gump - O Contador de Histórias
- Desafio do Destino
- O Náufrago
- O Rei Leão
- Homens de Honra
- Iron Will, o Grande Desafio
- O Pianista

NEGOCIAÇÃO E VENDAS

- Estrada para Perdição
- Uma Linda Mulher
- A Qualquer Preço
- O Preço de um Resgate
- Máfia no Divã
- De Olhos Bem Fechados
- Erin Brockovich, Uma Mulher de Talento
- Alfaiate do Panamá
- A Negociação
- A Ponte do Rio Kwai
- O Júri
- O Clube do Imperador
- Divisão de Homicídios
- O Jogo de Geri
- Syriana – A Indústria do Petróleo
- A Roda da Fortuna
- Se Eu Fosse Você
- Em Boa Companhia
- Hotel Ruanda
- A Casa Caiu
- A Casa-Monstro
- De Encontro com o Amor
- O Aviador
- Tudo por Dinheiro
- De Porta em Porta
- O Sucesso a Qualquer Preço
- Lições para Toda a Vida
- A Máfia Volta ao Divã
- Os Vigaristas
- Uma Mente Brilhante
- Concorrência Desleal
- O Homem que Copiava

EMPREENDORISMO

- Seabiscuit – Alma de Herói
- Dois Filhos de Francisco
- Piratas do Vale do Silício
- Menina de Ouro
- O Aviador
- Ray

MARKETING E MARKETING DE RELACIONAMENTO

- Erin Brockovich, uma Mulher de Talento
- Apollo 13, do Desastre ao Triunfo
- Milagre na Rua 34

VALORES E ÉTICA

- Harry Potter e a Câmara Secreta
- Árvore dos Sonhos
- Advogado do Diabo
- Central do Brasil
- Jerry Maguire, a Grande Virada
- Rain Man
- Sorriso de Mona Lisa
- O Informante
- Amistad
- Nell
- A Era do Gelo

- A Ponte do Rio Kwai
- U.S Marshals - Os Federais
- Clube do Imperador
- O Júri
- A Luta pela Esperança
- O Senhor das Armas
- O Matador
- A Casa das Sete Mulheres
- Santos ou Soldados
- Assédio Sexual
- A Voz do Coração
- Carros
- Batman Begins

POSTURA PESSOAL/PROFISSIONAL

- Uma Secretária de Futuro
- O Náufrago
- Patch Adams - O Amor é Contagioso
- Morrendo e Aprendendo
- Um Golpe do Destino
- Duas Vidas
- O Último Samurai
- Todo Poderoso
- Coração de Cavaleiro
- Instinto

ASSERTIVIDADE E AUTOESTIMA

- A Luta pela Esperança
- Como Perder um Homem em 10 Dias
- O Senhor das Armas
- Piratas do Caribe – A Maldição do Pérola Negra
- Pocahontas 2
- Ray
- Resgate Abaixo de Zero
- As Loucuras de Dick & Jane

LIDERANÇA/TOMADA DE DECISÃO/ESTRATÉGIA/ PODER/ CONFLITOS

- Doze Homens e uma Sentença
- Titanic
- Fogo Contra Fogo
- U.S Marshals - Os Federais
- Apollo 13- Do Desastre ao Triunfo
- Gladiador
- Robin Hood – O Príncipe dos Ladrões
- A ponte do Rio Kwai
- O Último dos Moicanos
- A Felicidade Não se Compra
- Elizabeth
- Amistad
- Esqueceram de Mim
- A Fuga das Galinhas
- Rain Man
- O Senhor dos Anéis
- Vida Bandida
- Coração Valente
- Copy Cat, A Vida Imita a Morte
- Duelo de Titãs
- Maré Vermelha
- Madagascar
- Seabiscuit – Alma de Herói
- Mestre dos Mares – O Lado Mais Distante do Mundo
- A Lenda do Tesouro Perdido
- Piratas do Caribe – A Maldição do Pérola Negra
- No Limite
- Tormenta
- 1492 – A conquista do Paraíso
- Coach Carter – Treino para a Vida
- Guerra dos Mundos
- Joana D'Arc de Luc Besson
- A Última Fortaleza
- O Voo da Fênix
- A Paixão de Cristo
- Lancelot – O Primeiro Cavaleiro
- Cruzada

- Golpe Baixo
- O Terminal
- Lost
- As Crônicas de Nárnia: O Leão, a Feiticeira e o Guarda-Roupa
- Alexandre
- Estrada para a Glória
- Fomos Heróis
- Vem Dançar
- Um Amor Verdadeiro

COACHING

- Chamas da Vingança
- Alguém para Dividir os Sonhos
- Deu Zebra
- Meu Nome é Radio
- Star Wars: Episódio 1 - A Ameaça-Fantasma
- Star Wars: Episódio 3 - A Vingança dos Sith
- Dia de Treinamento
- Menina de Ouro

MODELOS MENTAIS/MUDANÇAS/ CRIATIVIDADE/ PERCEPÇÃO

- Patch Adams - O Amor é Contagioso
- Vida Bandida
- Encontrando Forrester
- Feitiço do Tempo
- Máfia no Divã
- Um Estranho no Ninho
- O Fabuloso Destino de Amelie Poulin
- Dança Comigo?
- O Galinho Chicken Little
- A Era do Gelo II
- Vovó...Zona 2
- A Senha: Swordfish
- Joana D'Arc, de Luc Besson
- Perdidos em Nova York
- Se Eu Fosse Você
- Garotas do Calendário
- Caçadores de Mentes
- Cartas na Mesa
- Ray
- Pollock
- Monk – Um Detetive Diferente

EQUIPE/VISÃO COMPARTILHADA/ ALIANÇAS ESTRATÉGICAS/ SINERGIA

- O Senhor dos Anéis
- Dinossauro
- Procurando Nemo
- O Resgate do Soldado Ryan
- Jamaica Abaixo de Zero
- Vida de Inseto
- Formiguinha Z
- D2, nós somos os campeões
- Spartacus
- O Céu de Outubro
- Garfield
- Os Incríveis
- Um Domingo Qualquer
- A Terra Encantada de Gaya
- Coach Carter - Treino para a Vida
- A Era do Gelo II
- Lancelot – O Primeiro Cavaleiro
- One Man Band
- Garotas do Calendário
- Estrada para a Glória
- Annapolis

COMUNICAÇÃO VERBAL E NÃO VERBAL/ FEEDBACK/ ESCUTA EMPÁTICA

- Aladdin
- A Negociação
- Billy Elliot
- O Júri
- Máfia no Divã
- Amistad
- Vida Bandida
- Dança com Lobos
- A Lenda do Pianista do Mar
- A Casa Caiu
- A Dama na Água
- Pequena Miss Sunshine
- City Hall – Conspiração no Alto Escalão
- Crash – No Limite
- Dança Comigo?
- Diários de Motocicleta
- Don Juan de Marco
- Escola da Vida
- Gênio Indomável
- Melhor é Impossível
- Se Eu Fosse Você
- Simplesmente Martha
- Um Amor Verdadeiro

O PAPEL DO PROFESSOR
- Um Novo Homem
- O Espelho Tem Duas Faces
- O Clube do Imperador
- Sociedade dos Poetas Mortos
- Rain Man
- Uma Mente Brilhante
- Encontrando Forrest
- Ms. Roland, Adorável Professor
- Mudança de Hábito

DIVERSIDADE HUMANA
- Shrek 2
- Meu Nome é Radio
- Testemunha do Silêncio
- Pocahontas 2
- Hotel Ruanda
- Ray

APOSENTADORIA
- Confissões de Schmidt
- Anjos da Vida Mais Bravos que o Mar
- Desafiando os Limites
- Don Juan de Marco

ANEXO 18
Dinâmicas de Grupo e Vitalizadores

DINÂMICA DOS ELOS

Objetivos:

» Promover a integração entre os participantes, permitindo um momento para apresentação e inserção no novo grupo de trabalho.
» Introduzir a noção de espírito de equipe.

Material:

» 01 tira de papel laminado por participante (3 cm x 30 cm);
» 02 grampeadores

Procedimentos:

» O primeiro participante se apresenta dizendo o nome, local onde trabalha e um sentimento positivo que está trazendo para o grupo. Em seguida, grampeia sua tira de papel em formato de elo.
» O segundo participante repete o procedimento, passando sua tira de papel pelo elo do primeiro participante, e assim iniciando a formação de uma corrente.

Exploração:

» Mostrar a corrente construída com todos os sentimentos positivos que cada um trouxe, reforçando que ela é símbolo de união e que servirá de lembrete para o grupo perceber a importância de trabalhar desta forma.

VITALIZADOR
DUQUE DE YORK

Objetivo:

» Este vitalizador é bastante útil quando o grupo já estiver durante muito tempo sentado, assistindo a uma aula expositiva, e precisando aumentar a energia corporal e mental.

Procedimentos:
» O facilitar fala que em épocas de guerra havia um Duque de York, o qual foi um excelente condutor de exércitos. Durante o exercício, o grupo deverá repetir os movimentos e as frases do facilitador imediatamente após cada uma delas.

Havia um Duque de York
Comandava mil soldados
Comandava morro acima
Comandava morro abaixo
Quando estava em cima, em cima
Quando estava embaixo, embaixo.
Quando estava no meio,
Não estava em cima, nem embaixo.

» (Repete três vezes, cada vez mais rápido, lembrando-se das três batidas nas coxas).

VITALIZADOR
PING PONG DE PALMAS

Objetivo:
» Essa é uma atividade vitalizadora. Serve para energizar, despertar e descontrair o grupo. É um exercício de atenção.

Procedimento:
» Todo o grupo deve ficar em círculo.
» O coordenador avisa que o exercício consiste em jogar palmas para outro colega do grupo, como se estivesse jogando uma bola de ping pong.
» O colega que recebeu a palma repassa para outro, sem deixá-la cair no chão.
» Se o grupo perdê-la de vista, algum participante recomeça.
» Pede-se para que o grupo jogue cada vez mais rápido.

DINÂMICA
O CARACOL HUMANO

Objetivo:
» Estimular a sintonia e o espírito de equipe entre os participantes. Pode ser utilizada como dinâmica de fechamento de um dia de curso.

Materiais: não há

Instruções:
» Grupo em pé e em círculo; pede-se que deem as mãos.
» O coordenador entra no jogo segurando a mão de um participante, solicitando que este o acompanhe para a formação de um grande caracol humano.
» Todos os outros o seguirão, mas devem acompanhar o movimento somente quando forem puxados.
» O coordenador vai formando o caracol, lentamente. Ao término, abre um túnel, passando por baixo das mãos entrelaçadas, sendo que os participantes o acompanham até retornar à forma inicial, ou seja, em círculo.
» Comentários.

Variação:
» Após um breve comentário das pessoas, de como se sentiram, propõe-se que um voluntário reinicie o processo todo, desta vez com os olhos fechados.

VITALIZADOR
1, 2, 3

Objetivo:
» Estimular a capacidade cognitiva;
» Aumentar o grau de atenção e o dinamismo dos participantes.

Procedimento:
» Os participantes dividem-se em dupla para realizar as tarefas descritas em cada rodada.

» 1ª rodada: a dupla conta até três, sendo que a contagem inicia com um lado da dupla e é complementado pelo outro parceiro e assim por diante, sendo que ao chegar em três, a contagem recomeça com o parceiro da vez, de tal forma que os papéis de cada um vão se invertendo.
» 2ª rodada: além da contagem, quem fala o número um, dobra os joelhos.
» 3ª rodada: além da contagem, quem fala o número um, dobra os joelhos e quem fala dois estica-se na ponta dos pés.
» 4ª rodada: além da contagem, quem fala o número um, dobra os joelhos, quem fala dois estica-se na ponta dos pés e quem fala três bate palmas.

VITALIZADOR
SALADA DE FRUTAS

Objetivo:
» Proporcionar a troca de lugares entre os participantes do grupo.

Procedimento:
» O facilitador passa um nome de fruta para cada um dos participantes do grupo. Três ou quatro frutas diferentes são o suficiente.
» A seguir, informa que ele chamará o nome de alguma fruta e todas as pessoas que possuem aquele nome deverão levantar de seus lugares e trocar rapidamente com alguém que também se levantou.
» Assim, ele vai chamando várias frutas para que as pessoas possam se movimentar e trocar de lugar.
» última vez, ele deve chamar "Salada de frutas", de tal forma que todos irão correr ao mesmo tempo.

DINÂMICA
ANJOS DE UMA ASA SÓ

Objetivo:
» Despertar para a importância da cooperação.

Material:
» 01 chocolate BIS por participante.

Procedimento:

» Todos em pé, em círculo, recebem um chocolate BIS, mas são informados que para ter o direito de comer o chocolate precisarão cumprir um desafio.

» Cada participante tira a embalagem de seu chocolate apenas até o meio, coloca-o na mão direita, e sem dobrar o braço e sem transferi-lo para a mão esquerda, deverão comer o chocolate.

» Depois de um tempo, as pessoas percebem que só conseguirão comer o chocolate se um participante servir o seu chocolate para o colega.

Exploração:

» Reforçar a importância da cooperação, do trabalho em equipe e da ajuda mútua, comentando que somos anjos de uma asa só, que, para voar, precisam estar abraçado a outro anjo.

VITALIZADOR
Do In

Objetivo:

» Aumentar o grau de energia do grupo, preparando-os para o início das atividades.

Procedimento:

» Todos em pé, em círculo, e o facilitador demonstra os exercícios que serão realizados.

» 1ª etapa: movimentos lentos de pescoço, de um lado para o outro.

» 2ª etapa: movimentos lentos de pescoço, para frente e para trás.

» 3ª etapa: movimentos lentos de pescoço, dando três giros completos, para cada um dos lados.

» 4ª etapa: movimentos circulares com os ombros, como se estivesse desenhando círculos no ar, sete vezes para um lado, sete vezes para outro.

» 5ª etapa: mão direita vira um martelinho e vai batendo no braço esquerdo, começando pela palma da mão, subindo por dentro e descendo por fora.

» 6ª etapa: o mesmo procedimento, invertendo-se as mãos.

» 7ª etapa: duas mãos viram martelinhos e vão descendo pelas pernas, por fora, a partir do quadril e voltando por dentro. Repete mais uma vez.

VITALIZADOR
PEGAR NO PÉ

Objetivo:
» Alertar para a importância da qualidade nos relacionamentos, construídos a partir de vínculos saudáveis e afetivos.

Procedimento:
» Todos em pé, em círculo, e o facilitador conduz o grupo para realizar os seguintes movimentos:
» 1ª etapa: dê a sua mão direita para a pessoa que está à sua direita. Depois que todos derem as mãos, unindo o círculo, pode soltar.
» 2ª etapa: coloque a sua mão direita no ombro direito de quem está à sua direita. Sem soltar este braço, coloque sua mão esquerda no ombro esquerdo de quem está à sua esquerda. Quando todos estiverem abraçados, pode soltar.
» 3ª etapa: sem agachar, podendo apenas inclinar o corpo para frente, coloque sua mão direita no pé esquerdo de quem está à sua direita e segure. Sem desmanchar este movimento, coloque sua mão esquerda no pé direito de quem está à sua esquerda e segure-o. Mantenha o grupo nesta posição por alguns segundos, até que todos reclamem do desconforto. Em seguida, pode soltar.

Exploração:
» Pergunte qual foi o movimento mais fácil e as pessoas dizem que é dar as mãos. Peça para que façam novamente.
» Pergunte qual foi o segundo movimento mais fácil. Elas respondem que é o abraço. Peça para que façam novamente.
» Finalmente, pergunte qual foi o movimento mais difícil. Elas respondem que é pegar no pé. E você diz: se pegar no pé é o mais desagradável, por que nós insistimos em "pegar no pé" do colega ao invés de abraçar e dar as mãos?

ANEXO 19
Canais do Sistema Representacional

LISTA DE AVALIAÇÃO DE PREFERÊNCIA DE ORIENTAÇÃO VISUAL

_____ 1. Quando não tenho nada para fazer a noite, gosto de assistir televisão.
_____ 2. Uso imagens visuais para me lembrar de nomes de pessoas.
_____ 3. Gosto de ler livros e revistas.
_____ 4. Prefiro receber instruções por escrito do que oralmente.
_____ 5. Escrevo listas das coisas que tenho que fazer.
_____ 6. Sigo rigorosamente as receitas quando estou cozinhando.
_____ 7. Consigo montar miniaturas de brinquedos com facilidade se seguir as instruções escritas.
_____ 8. Gosto de jogos do tipo "Top-Letras" e do "Jogo da Senha".
_____ 9. Cuido muito da minha aparência.
_____ 10. Gosto de ir a exposições artísticas e a museus.
_____ 11. Mantenho uma agenda onde registro o que faço.
_____ 12. Em geral, gosto das fotografias e dos trabalhos artísticos utilizados em publicidade.
_____ 13. Escrevo resumo de todos os pontos pertinentes ao estudar para uma prova.
_____ 14. Consigo localizar-me com facilidade numa cidade nova se eu tiver um mapa.
_____ 15. Sempre gosto de manter a minha casa com a aparência limpa.
_____ 16. Todos os meses, assisto a dois ou mais filmes.
_____ 17. Não tenho boa impressão de alguém se ele não estiver bem vestido.
_____ 18. Gosto de observar as pessoas.
_____ 19. Sempre mando consertar o mais rápido possível os arranhões do meu carro.
_____ 20. Acho que flores frescas realmente embelezam a casa e o escritório.

_____ **TOTAL DE PONTOS**

ORIENTAÇÃO AUDITIVA

_____ 1. Gosto de ouvir música quando não tenho nada para fazer à noite.
_____ 2. Para lembrar o nome de alguém, eu o repito várias vezes para mim mesmo.
_____ 3. Gosto de longas conversas.
_____ 4. Prefiro que o meu chefe me explique algo oralmente do que por escrito.
_____ 5. Gosto de programas de variedades e de entrevistas no rádio e na televisão.
_____ 6. Uso rimas para me lembrar de coisas.
_____ 7. Sou bom ouvinte.
_____ 8. Prefiro saber das notícias pelo rádio do que pelos jornais ou revistas.
_____ 9. Falo bastante comigo mesmo.
_____ 10. Prefiro ouvir uma fita cassete sobre um assunto do que ler sobre ele.
_____ 11. Sinto-me mal quando meu carro faz um barulho estranho.
_____ 12. Posso dizer muito sobre alguém somente pelo tom da sua voz.
_____ 13. Compro muitos DVD's e blu rays.
_____ 14. Estudo para um teste lendo as minhas anotações em voz alta ou estudando com outras pessoas.
_____ 15. Prefiro fazer uma palestra sobre um tópico do que escrever um artigo.
_____ 16. Gosto de assistir a concertos e a apresentações musicais.
_____ 17. As pessoas às vezes dizem que falo demais.
_____ 18. Quando estou numa cidade estranha, gosto de parar num posto de gasolina para pedir informações.
_____ 19. Converso com o meu cão ou gato.
_____ 20. Converso em voz alta comigo mesmo quando estou resolvendo um problema de matemática.

_____ **TOTAL DE PONTOS**

ORIENTAÇÃO POR SENSAÇÃO-MOVIMENTO-TATO

_____ 1. Gosto de fazer exercícios físicos.

_____ 2. Quando estou com os olhos vendados, consigo distinguir os objetos pelo tato.

_____ 3. Quando ouço música não consigo deixar de batucar com os pés.

_____ 4. Gosto de estar ao ar livre.

_____ 5. Tenho boa coordenação motora.

_____ 6. Tenho tendência a ganhar peso.

_____ 7. Compro certas roupas porque gosto do toque do tecido.

_____ 8. Gosto de criar animais de estimação.

_____ 9. Toco nas pessoas quando estou conversando com elas.

_____ 10. Quando estava aprendendo a datilografar, aprendi rapidamente o sistema de toques.

_____ 11. Quando era criança, fui muito carregada no colo e tocada.

_____ 12. Aprecio mais praticar do que assistir esportes.

_____ 13. Gosto de tornar um banho quente no fim do dia.

_____ 14. Eu realmente gosto de ser massageado.

_____ 15. Sou um bom dançarino.

_____ 16. Não consigo viver sem frequentar uma academia de ginástica ou um SPA.

_____ 17. Gosto de levantar-me e me espreguiçar com frequência.

_____ 18. Posso dizer muito sobre uma determinada pessoa simplesmente pelo modo com que ela aperta as mãos.

_____ 19. Se eu tiver tido um dia ruim, meu corpo fica muito tenso.

_____ 20. Gosto de fazer artesanatos, trabalhos manuais e/ou construir coisas.

_____ **TOTAL DE PONTOS**

AUTORA DO BEST-SELLER

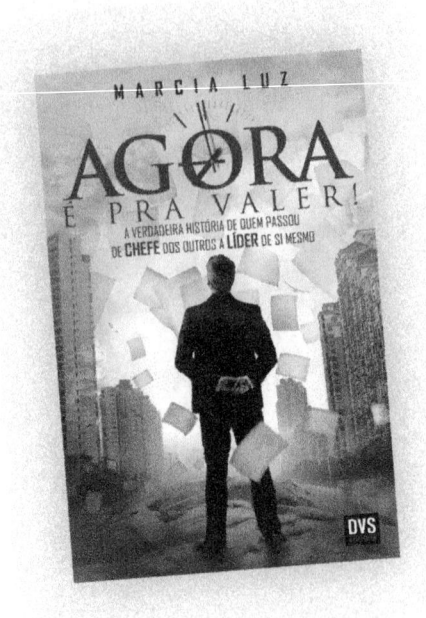

AGORA É PRA VALER!
A VERDADEIRA HISTÓRIA DE QUEM PASSOU DE CHEFE DOS OUTROS A LÍDER DE SI MESMO
MARCIA LUZ

DVS EDITORA

www.dvseditora.com.br